Matthias Frehner
Das Geschäft mit der Raubkunst

Das Geschäft mit der Raubkunst

Fakten, Thesen, Hintergründe

Herausgegeben von Matthias Frehner

Verlag Neue Zürcher Zeitung

Umschlagphoto:
Görings Kunstsammlung in Berchtesgaden,
© Topham, Edenbridge, Kent.

© Verlag Neue Zürcher Zeitung, Zürich, 1998
ISBN 3 85823 705 1

Inhaltsverzeichnis

Vorwort des Herausgebers   9

Kunstraub: Allgemeine Aspekte

Rainer Wahl
   Kunstraub als Ausdruck von Staatsideologie   17

Franz Georg Maier
   Von Cornelius Sulla zu J. Paul Getty:
   Antiken als Raubkunst   25

Heinz Dieter Kittsteiner
   Die Geschichte der Quadriga auf dem Brandenburger Tor   33

Kunstraub im 20. Jahrhundert

Christina Kott
   Kunstwerke als Faustpfänder im Ersten Weltkrieg   43

Cornelia Isler-Kerényi
   Raubkunst aus dem Boden:
   Ein Problem nicht nur für die Schweiz   51

Lorenz Homberger
   Aussereuropäisches Kulturgut in westlichen Museen   59

Georges Waser
    Gewinner sind die Dunkelmänner:
    Der Antikenschmuggel heute   67

Der Kunstraub der Nationalsozialisten und seine Folgen

Matthias Frehner
    «Das wird toll und immer toller» –
    Der grösste Kunstraub der Geschichte   79

Wilfried Fiedler
    Kulturgüter als Kriegsbeute:
    Völkerrechtliche Probleme seit dem Ende
    des Zweiten Weltkriegs   87

Anja Heuss
    Die Vernichtung jüdischer Sammlungen in Berlin   97

Anja Heuss
    Der Fall Goudstikker: Die Niederlande und die Raubkunst   105

Anja Heuss
    Es ist nicht alles deutsch, was glänzt   111

Eric Gujer
    Moskau und die harte Haltung zur Beutekunst   115

Die Schweiz als Umschlagplatz von deutscher Raubkunst

Georg Kreis
    Die Schweiz und der Kunsthandel 1939–1945   125

Matthias Frehner
   Deutsche Raubkunst in der Schweiz:
   Täter, Verführte, Aufarbeitung   135

Matthias Frehner
   Raubkunst – unvergangene Vergangenheit:
   Versuch einer vorläufigen Bilanz   147

Die Autoren   152

Vorwort

Kunstraub im kriegerischen Kontext ist so alt wie die Kunst. Er bereichert den Sieger und stiehlt dem Unterlegenen seine kulturelle Identität; das wussten die Römer, als sie den salomonischen Tempel plünderten, und in unserer Zeit handeln die Chinesen in Tibet nicht anders. Kunstraub als Ausdruck von Staatsideologie institutionalisierten die Römer. Die Idee der Trophäe, die das Kunstwerk als Siegespreis und -symbol versteht, prägte sich im Verlauf der römischen Geschichte aus. Im Zug seiner planmässigen Beraubungen wurde Rom zum Museum par excellence. Die Zurschaustellung der Kunstwerke bildete geradezu den Höhepunkt der Triumphzüge der Feldherren; ihre dauerhafte Aufstellung auf öffentlichen Plätzen und Gebäuden perpetuierte den Triumph und die Erinnerung an den Sieg.

Der Ideologie der Französischen Revolution und des Kaisertums entsprechend, dass Frankreich an der Spitze des Fortschritts stehe und als Verkörperung der Ideen von Gleichheit und Freiheit den ersten Platz unter den Völkern zu beanspruchen habe, bezog Napoleon seine Kulturpolitik explizit auf römische Vorbilder: Es war sein Ziel, die bedeutendsten und berühmtesten Werke der Weltkunst wie beispielsweise die Quadriga auf dem Brandenburger Tor nach Paris ins Musée Napoléon (Louvre) zu schaffen, um so seine Hegemonieansprüche zu demonstrieren.

Auf die immensen Kunstberaubungen Frankreichs wurde in einem 100jährigen Prozess das «Kulturgutschutz-Völkerrecht» als Gegenthese formuliert. Die Haager Konventionen von 1899 und 1907 bewährten sich im Ersten Weltkrieg im grossen und ganzen überraschend gut. Natürlich gab es auch abweichende Pläne, aber verwirklicht wurde eine

Beraubungs- oder Faustpfandpolitik in grösserem Stil nicht, ebenso wie der Versailler Vertrag auf Demütigungen in der Form von Auslieferung von Kunstschätzen weitgehend verzichtete.

Den brutalsten Kunstraub aller Zeiten veranstalteten jedoch die Nationalsozialisten. Nie zuvor war Machtmissbrauch so verheerend, weil effizient, wie unter den faschistischen und kommunistischen Regimen. Hitler und Stalin adaptierten Napoleons Idee von einem Supermuseum der Weltkunst. Ihr Kunstraub ist Ausdruck einer ausgeprägt aggressiven Staatsideologie. Für sich spricht in beiden Fällen die unvorstellbare Quantität der Beraubungen – auf der deutschen Seite mindestens 10 000 hochwertige Kunstwerke, auf der russischen Seite die interpretationsbedürftige Zahl von 5 Millionen Objekten, wobei offen ist, wie und was gezählt wurde.

Noch immer lagern in russischen Museen und Bibliotheken enorme Bestände von Kulturgütern, die die sowjetische Trophäenkommission nach Kriegsende aus Deutschland abgeführt hatte. Darunter befinden sich nicht nur Werke aus deutschem Museumsbesitz, sondern auch enteignete jüdische Sammlungen. Die Rückgabe dieser Kunstwerke ist heute völlig ungewiss, da das 1997 verabschiedete Gesetz über die Beutekunst entgegen dem Völkerrecht eine intransigente Haltung vertritt.

Alle diese allgemeinen historischen, juristischen und geistesgeschichtlichen Fragen zum Thema Raubkunst diskutieren und beurteilen die kritischen Essays des vorliegenden Bandes. Erstmals erschienen sind sie 1997 in der «Neuen Zürcher Zeitung» als Reihe unter dem Titel «Raubkunst – unvergangene Vergangenheit». Unsere Sammlung enthält Recherchen, die den Kenntnisstand über die deutsche Raubkunst um wichtige, bisher nicht bekannte Einzelfälle erweitern, und eine Diskussion völkerrechtlicher Fragen, die klarmacht, dass der Bestohlene mit dem materiellen Besitz immer auch einen Teil seiner Identität verliert.

Anlass für die Artikelserie war eine Behauptung, die im Herbst 1996 im Zusammenhang mit der Neubewertung und Aufarbeitung der Rolle der

Schweiz während der Zeit des Zweiten Weltkriegs erhoben worden war. Die Schweiz würde noch immer nationalsozialistische Raubkunst in enormem Umfang – der «Daily Telegraph» nannte die Summe von 3 bis 15 Milliarden Pfund – zurückbehalten, war der Vorwurf. Die Reihe, die die NZZ im Januar 1997 startete, setzte sich das Ziel, diese Anschuldigung zu prüfen.

Dabei offenbarte sich gerade in bezug auf die schweizerische Beteiligung am Handel mit deutscher Raubkunst während des Zweiten Weltkriegs ein erstaunliches Manko: Es gibt zwar Hunderte von Untersuchungen über die Enteignung jüdischer Sammler oder auch den offiziellen Handel der NS-Stellen mit dem beschlagnahmten Kunstgut, jedoch keine einzige dieser wissenschaftlich abgestützten Analysen stammt aus der Schweiz. Nach den Gründen zu fragen drängt sich auf.

Der hauptsächlichste ist wohl der, dass sich die Schweiz unmittelbar nach dem Krieg einer raschen und gründlichen Aufarbeitung der in den alliierten Expertenberichten aufgezeigten Raubkunstfälle gestellt hatte: Am 10. Dezember 1945 ordnete der Bundesrat die Rückgabe von Raubgut an, das aus kriegsbesetztem Gebiet in die Schweiz gelangt war, und erklärte auch alle Verkaufsverträge für nichtig, die unter Täuschung und Furcht zustande gekommen waren. Über die Rückforderungsbegehren, die bis zum 31. Dezember 1947 eingereicht werden konnten, entschied ausschliesslich eine speziell zu diesem Zwecke gebildete dreiköpfige Kammer des Bundesgerichts. Die Dokumentation dieses Wiedergutmachungsverfahrens umfasst 803 Dossiers aus der Zeit vom Dezember 1948 bis zum Januar 1951. 77 Gemälde von rund zwölf in der Schweiz wohnhaften Besitzern wurden schliesslich ihren Eigentümern zurückgegeben. Einsehbar sind diese Dossiers infolge einer «generellen Schutzfrist von 50 Jahren» bis anhin aber ebensowenig wie die Prozessakten.

Auf Grund einer besonderen Rechtsgrundlage wurde die Schutzfrist 1997 exklusiv für die vom Bundesrat bestellte Kommission Bergier aufgehoben, deren Bericht erst im Verlauf des Jahres 1998 vorliegen wird. Dass allerdings kein Kunsthistoriker zu diesem vorwiegend Historiker umfassenden Gremium zählt, erschwert die Beurteilung der Raubkunstfälle beträchtlich. Erst die uneingeschränkte Öffnung der Archive für alle interessierten Forscher kann Garant einer abschliessenden Beurteilung sein.

Die Autoren dieser Publikation vermögen das Bild des Handels mit deutscher Raubkunst in der Schweiz auf Grund bisher nicht bekannter Akten punktuell zu präzisieren. Dass ihre fundierten Analysen keine bisher unbekannten Raubkunstfälle zu Tage förderten, entspricht der Tatsache, dass bis heute keine einzige neue Rückgabeforderung an die Schweiz gestellt worden ist.

Kunstwerke sind Wertgegenstände, die seit je Kriminelle zum Diebstahl animiert haben. Man kennt die komplizierten Vorkehrungen ägyptischer Grabkammern zur Irreführung von Räubern, die sich unmittelbar nach der Beisetzung ans Werk machten. Schatzgräber gab es immer schon, und seit Antiken gesammelt werden, bereichern sich Grabräuber. Gravierend sind diese Vorfälle vor allem deshalb, weil die Grabanlagen und Siedlungsstrukturen, aus denen die Raubgräber ihre Schätze entwenden, meist völlig zerstört werden. Verloren sind für die Forschung nicht nur die Funde, sondern, was letztlich weit gravierender ist, auch alle archäologisch auswertbaren Quellen. Einige der hier vereinigten Forschungsbeiträge zeigen die kriminellen Machenschaften heutiger Raubgräberorganisationen auf, die mit Bulldozern antike Gräberfelder und Stadtanlagen verwüsten und in Krisengebieten wie Albanien ganze Museumssammlungen in ihren Besitz bringen. Und sie erläutern und entwickeln Strategien, mit denen diesen Missständen Einhalt geboten werden könnte.

Kunst muss geschützt werden, damit sie überhaupt wahrgenommen werden kann. Kunst als Beute in einem Banksafe oder einem Museumsdepot irgendwo in Russland ist tote Kunst. Kunstwerke sind unersetzlich, Originale einmalig. Ihrem Besitzer sind sie oft Statussymbol. Als Wertgegenstände sind sie raubgefährdet. Ein Dieb kann sich aber nicht nur bereichern, er kann dem Besitzer ebenso einen Teil seiner Identität rauben. Zur vertieften Beschäftigung mit Kunst sollte nicht bloss das «prodesse et delectare» gehören, die Frage nach ihrer Funktion in der Gesellschaft ist ebenso zentral. Sich mit den Fragen dieses Bandes zu beschäftigen trifft keine Marginalie der Kunst, sondern eine ihrer elementaren Voraussetzungen.

Matthias Frehner

Kunstraub: Allgemeine Aspekte

Rainer Wahl

Kunstraub als Ausdruck von Staatsideologie

Kunstraub als staatlich veranstaltete, systematische Aneignung von Kunst- und Kulturgütern eines anderen Volkes ist das Kennzeichen von ideologischen Auseinandersetzungen und vor allem von Regimen mit einer aggressiven Staatsideologie. Die von diesen Regimen vertretene Überlegenheitsideologie dient als Scheinlegitimation für die gewaltsame Aneignung fremder Kulturgüter. Das Völkerrecht tut gut daran, nicht zuletzt im Blick auf die Zukunft an der ausnahmslosen Rechtswidrigkeit der Aneignung fremden Kulturguts als Rechtsprinzip festzuhalten.

Kunstfreunde entdecken beim Besuch von Ausstellungen oder der Lektüre von Katalogen häufig das vielfältige Schicksal von Kunstwerken: Ihr Standort hat häufig gewechselt, viele, gerade auch die bekanntesten Bilder und Skulpturen, haben eine oft abenteuerliche Geschichte und längere «Gefangenschaften» hinter sich. Das Thema der Beutekunst in Russland hat die breitere Öffentlichkeit auf diesen Aspekt der Lebensgeschichte von Kunstwerken aufmerksam gemacht und den Blick auf die immensen Raubzüge von Kunst gelenkt. Es wäre aber verengt, das Thema Kunstraub nur mit den sowjetischen Wegführungen zu verbinden; unverkennbar stehen diese in dem grösseren Zusammenhang des Schicksals von Kulturgütern im Zweiten Weltkrieg. Ins Blickfeld kommt sofort die davorliegende Zeit der deutschen Zerstörungs- und Raubzüge beim Krieg im Osten. Darüber hinaus ist aber in der weiteren historischen Dimension nach «Vorbildern» in früheren Zeiten zu fragen. Wann und aus welchen Motiven greifen Herrschaftsregime zu einer nicht nur beiläufigen, sondern expliziten Kunstraubpolitik?

Im Sommer 1995 konnte man in der grossen Ausstellung «Der Glanz der Farnese» im Münchner Haus der Kunst Tizians «Danae» bewundern. Ihr Lebenslauf umfasst u. a. die folgenden Stationen: Gemalt im Auftrag des Kardinals Alessandro Farnese (1520–1598), blieb das Bild im Besitz der Familie mit Aufhängungsorten im Palazzo Farnese in Rom und im farnesischen Parma nach 1680. Von dort gelangte es im Wege der Erbfolge nach dem Aussterben der Farnese nach Neapel. Der Ruhm des Bildes veranlasste den neapolitanischen König, es beim Nahen der für ihre Beutezüge bekannten französischen Truppen 1798 vorsichtshalber nach Palermo zu transferieren. Das Gemälde kehrt nach der Restauration 1815/16 nach Neapel ins neue Museum Capodimonte zurück.

Im Zweiten Weltkrieg wird das Bild von italienischen Museumsleuten in der Abtei von Monte Cassino gelagert, dort auf Befehl Görings beschlagnahmt. Neben vielen anderen wertvollen Kunstwerken wurde die «Danae» nach Norden geschickt. Die Division «Hermann Göring» machte die Bestände von sechzehn grossen Kisten Göring zum Geburtstagsgeschenk. Beim Arrangement der Kunstwerke in Görings «Herrensitz» Karinhall erhielt die «Danae» einen Ehrenplatz. Göring bekam zwar Bedenken, ob er das Geschenk annehmen könne, verfügte dann aber, dass die Kunstwerke als zeitweilige Ausstellungsstücke für «Karinhall» bereitzustehen hätten und in einen Luftschutzbunker nach Berlin zu verbringen seien. Die «Danae» von Tizian allerdings hängte er in seinem Schlafzimmer auf. Im Februar 1945 befahl er dann, alle Objekte aus Monte Cassino, auch die «Danae», in die Reichskanzlei zu Bormann bringen zu lassen, der sie nach München in den Führerbau transportieren liess. Ende März 1945 waren die sechzehn Kisten schliesslich in Altaussee im Salzkammergut angekommen und wurden im Salzbergwerk eingelagert. Die «Danae» war dort in Gesellschaft von 10 000 Kunstwerken, darunter etwa 6500 für das geplante «Führermuseum» in Linz bestimmte, teilweise weltberühmte Gemälde. In den dramatischen Ereignissen in den letzten Tagen des Dritten Reiches konnten beherzte Kunstsachverständige es in einem Akt der Befehlsverweigerung verhindern, dass der zuständige Gauleiter die angedrohte Sprengung des gesamten Salzbergwerks vornehmen konnte. Nachdem amerikanische Truppen die Bilder «befreit» hatten, wurde die «Danae» am 13. August 1947 dem italienischen Staat und dort dem Museum Capodimonte in Neapel zurückgegeben.

Beim zweiten Beispiel, das hier nicht in allen Einzelheiten berichtet werden kann, dem berühmten «Genter Altar», verbinden sich andere Ereignisse (Rückgabeverpflichtung eines hundert Jahre zuvor völlig legal erworbenen Teils durch den Versailler Vertrag 1919, Diebstahl von Teilstücken im Jahre 1934) mit dem hier interessierenden staatlichen Kunstraub: 1794 brachten die planmässig vorgehenden französischen Kommissare die Mitteltafel des «Genter Altares» mit der Verehrung des heiligen Lammes nach Paris. Sie wurde 1814/15 im Rahmen der friedensvertraglich auferlegten Restitutionspflichten zurückgegeben. Eine erneute Odyssee begann 1940, als der Altar ins Schloss von Pau am Fuss der Pyrenäen gebracht wurde. Das Vichy-Regime übergab ihn den deutschen Stellen. 1942 kam er nach Schloss Neuschwanstein, und am Ende des Krieges wurde er ebenfalls nach Altaussee verlagert.

Das dritte Beispiel, der «Schatz des Priamos», braucht hier im einzelnen nicht weiter ausgebreitet zu werden. Die russischen Kunsthistoriker und Journalisten Akinscha und Koslow, deren Enthüllungen Wesentliches zur heutigen Kenntnis über die sogenannte Beutekunst zu verdanken ist, schildern die letzten dramatischen Tage des Krieges im 1. Mai 1945 in ihrem Buch («Beutekunst», 1995): Ende Mai wurden die drei Kisten, die der damalige Direktor des Museums für Vor- und Frühgeschichte Unverzagt unter grossem persönlichem Einsatz im Aufbewahrungsort des Flakturms am Zoo bewacht hatte, auf einen Lastwagen verladen und nach Moskau ins Puschkin-Museum verbracht.

Mit diesen Beispielen sind die drei grossen Fälle des systematischen staatlichen Kunstraubs in der Neuzeit vorgestellt. Es handelt sich um die Französische Revolution und die Zeit Napoleons, um das Dritte Reich 1939 bis 1945 und die Sowjetunion von 1941 bis 1945.

Kunstraub als Teil einer Kunstpolitik ist ein negativer Spiegel eines Regimes. Wer eine Kunstpolitik mit solchen gewaltsamen Mitteln betreibt, offenbart Aggressivität. Wegen dieser gewaltsamen Form der

Politik muss jeweils ein starkes ideologisches Rechtfertigungskonzept aufgeboten werden, um den Schein einer Legitimation geben zu können. Und umgekehrt gilt häufig auch: Wer Herrschaft oder die regionale Hegemonie anstrebt, will typischerweise die Weltkunst oder die für diese Weltregion massgebliche Kunst besitzen. Typischerweise wird dann auch ein zentrales und massgebliches «Super-Museum» angestrebt, so der «Grand-Louvre», bezeichnenderweise ab 1803 «Musée Napoléon» genannt, so das geplante «Führermuseum» in Linz und das nicht realisierte «Weltmuseum» in Moskau. In den Plänen von Hitler und Stalin war die beabsichtigte Zurschaustellung des eigenen Besitzes Teil eines gezielten politischen Kalküls, in dem die Minderwertigkeit der anderen Völker und die Überlegenheit des eigenen Volkes, seiner Rasse oder seiner Ideologie demonstrativ Ausdruck finden sollten.

Der Raub von Kunstwerken eignet sich für das Machtkalkül ideologischer Herrschaften in besonderer Weise. Zu allen Zeiten haben nämlich bestimmte religiöse und national oder politisch bedeutsame Werke der Kunst eine wichtige Rolle für das Selbstverständnis und -bewusstsein von Gruppen, Völkern und Nationen gehabt. Wenige andere Gegenstände spielen eine so zentrale Bedeutung für die kulturelle und politische Identität von Völkern. Deshalb bedeutet die systematische Wegführung von Kulturgütern im Zuge von politisch-militärischen Auseinandersetzungen einen schmerzhaft erlebten Eingriff und eine tiefgehende Verletzung.

Kunstraub ist natürlich nicht eine Erscheinung der Neuzeit. In der unrühmlichen Liste des Kunstraubs spielen viele Epochen und vermutlich alle Kulturen eine Rolle. Das in der Antike herausragende Beispiel sind die Römer, sowohl in der Epoche der römischen Republik wie auch in der späteren Kaiserzeit. Immer deutlicher wird dabei der Gedanke der Trophäe, der das Kunstwerk als Siegespreis und -symbol versteht, ausgebildet. Die Römer sind sozusagen die Erfinder dieses Gedankens, den sie mit dem ihnen eigenen Organisationstalent dann systematisch umgesetzt haben. In der Folge dieser planmässigen Beraubungen wird Rom das Museum par excellence. Die Zurschaustellung der Kunstwerke bildete geradezu den Höhepunkt der Triumphzüge der Feldherren; ihre dauerhafte Aufstellung auf öffentlichen Plätzen und Gebäuden perpetuierte den Triumph und die Erinnerung an den Sieg. Schon Livius bemerkte, dass die Kunst die äusserliche Manifestation der römischen Herrschaft war. Daher bestimmte der imperialistische Geist auch die Haltung der Römer zur Kunst. Gegenüber dem Jahrhundert des fürstlichen Absolutismus veränderte die Zäsur der Französischen Revolution die Einstellungen zur Kunstpolitik grundlegend. Im August 1793 wurde (nach der davorliegenden Phase der Zerstörung von Kunst des Ancien Régime) die neue republikanische Tugend der Wertschätzung der Kunst verkündet. Mit der Eröffnung des Musée Central des Arts im Louvre 1793 konnten die Jakobiner unter der Führung Davids beweisen, dass die Kunst, einst Privileg der Minderheit, dem ganzen Volk gehöre. Im Frankreich der Revolution konsolidiert sich das nationale Selbstbewusstsein nicht zuletzt durch das Medium der Kunst.

Der Ideologie der Französischen Revolution und des Kaisertums entsprechend, dass Frankreich an der Spitze des Fortschritts stehe und als Verkörperung der Ideen von Gleichheit und Freiheit den ersten Platz unter den Völkern zu beanspruchen habe, begann eine systematische Kunstpolitik. Sie wollte alles Wichtige nach Frankreich bringen, weil ihm nach dem eigenen Selbstverständnis die Rolle als Verwalter der Kulturgüter gebühre. Als kaum überbietbares Beispiel für die Kraft von Ideologien sei aus einer Rede eines Abgeordneten in der Pariser Nationalversammlung zitiert: «Die Armee des Nordens drang mit Feuer und Schwert in die Mitte der Tyrannen und ihrer Anhänger vor, aber sie schützte sorgfältig die zahlreichen Meisterwerke der Kunst, welche die Despoten in ihrer überstürzten Flucht zurückliessen. Zu lange waren diese Meisterwerke durch den Anblick der Sklaverei beschmutzt worden. Im Herzen der freien Völker sollen diese Werke berühmter Männer ihre Ruhe finden (…) Nicht länger befinden sich diese unsterblichen Werke in fremdem Land; heute sind sie im Vaterland der Künste und des Genies, der Freiheit und Gleichheit, in der französischen Republik angekommen (…)» Das Pathos des pathologisch guten Gewissens ist hier sozusagen klassisch formuliert. Bonaparte perfektionierte später die systematische Wegführung von Kunstwerken.

Zentrale Bedeutung erhielt dabei der Besitz der Antiken. Sie waren der ideale Ausdruck des Strebens nach kultureller Vormachtstellung, galten sie doch gemäss der klassizistischen Kunstauffassung als die Norm aller Normen, als die Kunst schlechthin. Die Ankunft der italienischen Kunstschätze wurde dann auch ähnlich wie die Revolutionsfeste und die römischen Triumphe inszeniert. Gründe für gesteigerte Feste gab es allemal, versammelten sich doch langsam im entstehenden «Super-Louvre» in Paris Kunstwerke wie die (von den Venezianern ihrerseits in Konstantinopel geraubte) Quadriga von San Marco, später auch die Quadriga vom Brandenburger Tor, zentrale Kunstwerke aus dem Vatikan wie der Apoll von Belvedere und die Laokoon-Gruppe sowie die Venus Medici aus den Uffizien. Mit den Worten des englischen Kunsthistorikers Bodkin: «France had become a store house of artistic wonders such as the world has never seen before and will never see again.» Welchen Rang Napoleon der Grande Galerie zugewiesen hatte, zeigte sich bei der Feier seiner zweiten Hochzeit. In einem meterlangen Blatt hat der offizielle Zeichner der Hochzeitszeremonie den Festzug festgehalten, der sich durch die Grande Galerie bewegte und «auf den gewissermassen die Jahrhunderte der alten Meisterwerke herabblickten».

Es entspricht einer gewissen inneren Logik, dass nach den immensen Kunstberaubungen durch Frankreich die entscheidende Gegenthese formuliert und in einem 100jährigen Prozess ein «Kulturgutschutz-Völkerrecht» entwickelt wurde (mit den Höhepunkten der Haager Konventionen von 1899 und 1907), das sich im Ersten Weltkrieg im grossen und ganzen überraschend gut bewährt hat. Natürlich gab es auch abweichende Pläne, aber verwirklicht wurde eine Beraubungs- oder Faustpfandpolitik in grösserem Stil nicht, so wie selbst der Versailler Vertrag auf Demütigungen in der Form von Auslieferung von Kunstschätzen weitgehend verzichtete.

Um so mehr fällt demgegenüber der erneute doppelte Rückfall zu extremsten Kunstraubaktionen während und am Ende des Zweiten

Weltkriegs auf deutscher und russischer Seite auf. Für sich spricht jedenfalls in beiden Fällen die unvorstellbare Quantität der Beraubungen – auf der deutschen Seite mindestens 10 000 hochwertige Kunstwerke, auf der russischen Seite die interpretationsbedürftige Zahl von 5 Millionen Objekten, wobei offen ist, wie und was gezählt wurde.

Für die hier interessierenden allgemeinen Fragen ergibt sich als Gesamturteil: Der Zweite Weltkrieg war im Verhältnis zwischen Deutschland und seinen Kriegsgegnern im Osten ein durch und durch ideologischer Krieg, ein Krieg, der vom NS-Regime als Ausrottungskrieg gegenüber den als unterwertig eingestuften Ostvölkern geführt wurde. Die Sowjetunion antwortete in demselben Verständnis eines ideologischen Überwältigungskrieges, der sich mit innerer Notwendigkeit besonders auf Kunst- und Kulturschätze bezog. Beim deutschen Vorgehen ist die völlig unterschiedliche Kunst- und Aneignungspolitik im Westen und im Osten unübersehbar. Für die Kunst Süd- und Westeuropas wurde das Modell des Kriegskunstschutzes aus dem Ersten Weltkrieg im Prinzip übertragen – mit der Ausnahme der Enteignung jüdischer Sammler, wo das andere, ideologisch-rassistische Ziel durchschlug. Im Osten wurden nicht nur immense Kunstschätze weggeführt, sondern auch planmässig Objekte der kulturellen Identität, etwa die als Museen hergerichteten Wohnhäuser von Tschaikowsky, Rimsky-Korsakow, Puschkin und Tschechow, geplündert und teilweise in Brand gesetzt.

Damit kann abschliessend die These dieses Beitrags formuliert werden: Kunstraub ist nicht nur eine gesteigerte Form der Kunst- und Aneignungspolitik mancher Regime, sondern das Kennzeichen von ideologischen Auseinandersetzungen und vor allem von Regimen mit einer ausgeprägten aggressiven Staatsideologie. Im Kunstraub manifestiert sich diese Überlegenheitsideologie als Scheinlegitimation für die gewaltsame Aneignung fremder Kulturgüter. Wenn das neuere Völkerrecht allen Formen der Wegführung von Kulturgütern entgegentritt und allen Kompensationsargumenten die Anerkennung versagt, dann hält es damit einen Rechtsstandard fest, der seine dringende Notwendigkeit in der Vergangenheit erwiesen hat und dessen ausnahmslose Geltung als Rechtsprinzip auch für die Gegenwart und Zukunft unerlässlich ist. Im konkreten Fall (etwa dem Problem der russischen Beutekunst) kann man aus politischer Klugheit auf die Durchführung dieser Rechtsprinzipien in Einzelfällen verzichten, nicht aber sollte man den Rechtsanspruch aufgeben und damit das auch für die Zukunft wichtige Rechtsprinzip unterhöhlen.

Franz Georg Maier

Von Cornelius Sulla zu J. Paul Getty: Antiken als Raubkunst

Kunstraub hat Tradition in Europa – auch wenn sich die Formen ändern. Der Umgang mit Antiken ist exemplarisch dafür. Seit dem Ende des 3. Jahrhunderts v. Chr. plündern römische Feldherrn an der Spitze ihrer Heere systematisch Städte und Heiligtümer in Süditalien, Griechenland und im hellenistischen Orient und verschleppen Kunstschätze als Teil ihrer Kriegsbeute nach Rom. Fabius Maximus erbeutet bei der Plünderung von Tarent im Jahre 209 v. Chr. unter anderem einen monumentalen Herakles des Lysipp. Sulla transportiert nach der Eroberung Athens 86 v. Chr. Kunstwerke und eine ganze Bibliothek ab. Octavianus Augustus belädt nach dem Sieg von Actium seine Schiffe mit Statuen, Bildern und Edelmetallgerät aus Griechenland; Rom schmückt er mit ägyptischen Obelisken.

Diese Namen bezeichnen nur die Spitze eines Eisbergs. Kunstraub wird zur Routine römischer Eroberungsfeldzüge; im Triumphzug erfolgreicher Feldherrn erscheinen fast stets erbeutete Kunstwerke, die später in Heiligtümern oder öffentlichen Gebäuden Aufstellung finden. Nach der Eroberung von Korinth 146 v. Chr. beschwört der Historiker Polybios den römischen Befehlshaber L. Mummius, die geraubten Porträts grosser Griechen zurückzugeben – eine ebenso mutige wie aufs Ganze gesehen wirkungslose Einzelaktion. Schiffsladungen voll Statuen, Reliefs und Kleinkunst gehen immer wieder nach Italien: das belegt eine Vielzahl durch die Unterwasserarchäologie erfasster Schiffswracks. Autoren wie Livius oder der ältere Plinius bezeugen ihrerseits zahlreiche Beispiele von Kunstraub in der römischen Republik; allein in einem einzigen Fall soll die Beute 785 bronzene und 230 marmorne Statuen umfasst haben. Es war Kunstraub in einem Ausmass, das ein führender klassischer Archäologe geradezu als «kulturelle Aussaugung der griechischen Kulturländer» bezeichnen konnte.

Freilich: Kunstraub hat viele Formen. Oft geht es um blosse Materialbeschaffung. Antike Säulen und Reliefs werden in christliche Basiliken verbaut, Bronzestatuen als Gussmetall eingeschmolzen (eine Sitte, gegen die schon der Ostgotenkönig Theoderich vergeblich Verfügungen erliess). Noch Bramante benützte bedenkenlos antike Bauten als Steinbrüche, was ihm den Beinamen «il ruinante» eintrug.

Für die Führungselite Roms ist Kunstbeute in erster Linie ein machtvolles Symbol militärischen Erfolgs und politischer Herrschaft, das noch eindrücklicher von Reichtum und Macht des besiegten Gegners zeugt als die Beutewaffen traditioneller Siegestrophäen. Griechische Statuen und Bilder werden als materiell wertvolle Beute und als Siegeszeichen geraubt, nicht als Kunst. Die von Sulla auf das Kapitol versetzten Säulen des athenischen Zeustempels oder die Obelisken des Augustus sind in der Tat monumentum imperatoris, Siegesmal des Heerführers: «Aegypto in potestatem populi Romani redacta» verkündet die Inschrift des Obelisken, der als Zeiger der monumentalen Sonnenuhr des Augustus diente.

Antike Kunst als Kriegsbeute und Siegesmal: diese Tradition überdauert das Ende Roms. Zwei spätere Beispiele müssen hier genügen. Im Jahr 1204 plündert das Heer des 4. Kreuzzuges unter dem Dogen Enrico Dandolo rücksichtslos und umfassend die Schätze der byzantinischen Hauptstadt Konstantinopel. Es war eines der grössten Kunstraubunternehmen der europäischen Geschichte, von dem bis heute die Bronzepferde von San Marco zeugen – auch sie wie die Säulen Sullas oder die Obelisken des Augustus Symbole für Kriegserfolg und Herrschaftsgewinn der Serenissima. 600 Jahre später rafft Napoleon auf seinen Feldzügen in grossem Massstab Kunstwerke als Beute und Siegeszeichen zusammen, wobei er ironischerweise die Pferde von San Marco zeitweilig nach Paris umquartiert.

Aus dem massenhaften Kunstraub der römischen Republik entwickelt sich eine neue Spielform des Antikenraubs. Der Schritt von der öffentlichen Verwendung von Beutekunst als monumentum imperatoris hin zum privaten Schmuck der eigenen Residenz war für die römische Führungselite nicht weit – zumal eine wachsende Zahl in Rom zur Schau gestellter, oftmals bedeutender griechischer Monumente allmählich Interesse und Verständnis für die Kunstqualität von Beutestücken und Trophäen weckte. Seit der späteren Republik entwickelt sich in den Stadthäusern und Landvillen der reichen nobiles in Rom, Latium und Campanien eine an hellenistischen Vorbildern orientierte Kultur luxuriöser Ausstattung, in der griechische Bildwerke und Schmuckgeräte eine zentrale und unabdingbare Rolle spielen. Die Fülle erbeuteter oder erworbener Kunstwerke war oft so gross, dass geradezu eine Art privater Kunstsammlungen entstand. Ein Beispiel dafür sind die ob ihres reichen Statuenschmucks berühmten, dem Publikum zugänglichen Gärten des Lucullus in Rom. Antikenraub als Facette des Lebensstils aristokratischer Eliten ist die Folge eines gesellschaftlichen Wandlungsprozesses: der Aneignung griechischer Kultur durch die römische Oberschicht. Natürlich spielen bei diesem Konzept einer neuen elitären Wohnkultur auch Renommiergehabe und gesellschaftliche Konkurrenz eine Rolle – unter den Besitzern der grossen Villen gab es feinsinnige aristokratische Kunstkenner ebenso wie um Statussymbole bemühte homines novi, soziale Aufsteiger. Doch Voraussetzung der Entwicklung war eine Mentalität, die die überlegene Qualität des fremden griechischen Kunstschaffens anerkennt – wie das Horaz rückschauend poetisch formuliert: «Das besiegte Griechenland eroberte den ungezähmten Sieger und brachte die Künste ins bäuerliche Latium.»

Auch diese aristokratische Spielform des Kunstraubs beruht zunächst weithin auf Nutzung der Kriegsbeute. Rechtswidrige Enteignungen und erpresste Billigkäufe durch skrupellose Magistrate waren eine andere Quelle von Kunstbesitz. Cicero hat in einer seiner berühmtesten Reden den sizilianischen Statthalter Gaius Verres als prominentes Beispiel solcher Korruption unsterblich gemacht. Doch offener Raub oder brutale Aneignung fremden Besitzes werden bald ersetzt durch Formen indirekten Raubs. Mehr und mehr deckt der Kunsthandel den

Bedarf an repräsentativer Ausstattung und befriedigt antiquarische Sammelleidenschaft. Auch Cicero – um nur ein Beispiel zu nennen – ordert durch Vermittlung seines Freundes Atticus in Athen Statuen für seine Villa in Tusculum: «Die megarischen Standbilder und Hermen, von denen Du mir schreibst, erwarte ich sehnsüchtig.» Ein Teil der im damaligen Kunstmarkt gehandelten Ware wird von griechischen Werkstätten produziert, die als Massenware Kopien oder dem Zeitgeschmack entsprechende Nachempfindungen exportieren. Gesunkene Kunsttransporter wie das Wrack von Mahdia in Tunesien, dessen Schätze vor kurzem in Bonn ausgestellt waren, dokumentieren das eindrücklich. Aber ohne Raubgut floriert der Antikenhandel damals ebensowenig wie heute: der lukrative Markt bietet zuviel Anreiz für bedenkenlose Denkmälerplünderung und Raubgräberei.

Auch Kunstraub zum standesgemässen Schmuck von Wohnsitzen der Oberschicht bleibt kein römisches Phänomen. Seit der Renaissance entstehen, bedingt durch eine vergleichbare Gesellschaftsstruktur und Mentalität, wiederum aristokratische Stadtresidenzen und Landvillen. Erneut bilden antike Statuen, Reliefs und Vasen die Ausstattung eines kunstsinnigen Hauses; auch hier nehmen die zur Schau gestellten Kunstwerke oft den Charakter einer Privatsammlung an. Römische Palazzi und Villen sind Vorbilder, die nach Italien, Frankreich, England und Deutschland ausstrahlen. Wiederum wirkt der Glaube an die griechisch-römische Kunst als Höchstleistung menschlicher Kultur als mächtige Antriebskraft. Und wiederum motiviert der Bedarf an antiker Kunst direkten Kunstraub oder einen Handel, der sich indirekten Raubs bedient.

Raubkunst als Element eines durch Kunstsinn und Repräsentationsbedürfnis aristokratischer Eliten bedingten Antikenhandels bleibt seither eine Konstante der europäischen Kulturgeschichte, mit der sogar die Anfänge der Archäologie verknüpft sind. Die frühen Ausgrabungen in Herculaneum (seit 1738) und in Pompeji (seit 1748) sollten nicht zuletzt auch die nicht mehr so ergiebigen traditionellen (und oft dubiosen) Wege der Antikenbeschaffung ergänzen. Als dann Nationalbewusstsein und nationalstaatliche Interessen in die Wissenschaften vom Altertum übergreifen, gewinnt der Prozess der Ausbeutung und Plünderung der alten Welt quantitativ und qualitativ neue Dimensionen. Was bisher eine Angelegenheit aristokratischer Kunstkenner und gelehrter Forschereliten war, wird nun zu nationaler Aspiration – und dies in einem Augenblick, in dem sich die historische Perspektive über die griechisch-römische Kultur hinaus in die ägyptische und altorientalische Welt weitet.

Eine zentrale Rolle spielt dabei das öffentliche Museum, das als Ort antiker Kunst neben Herrscherhof, Adelspalast und Privatsammlung tritt. Museen werden ebenso wie Ausgrabungsunternehmen zum Vehikel nationaler Eifersucht und des Prestigedenkens: wie die koloniale Welt sucht man auch die Welt der Altertümer unter den europäischen Mächten aufzuteilen. Napoleon setzt ein folgenschweres Beispiel, denn sein im grossen Stil praktizierter Kunstraub zielt auch darauf, den Museen von Paris eine führende Stellung zu geben. Bezeichnenderweise sind schon während seiner ägyptischen Expedition (1797 bis 1799) die ersten Anzeichen einer nationalen Konkurrenz um Altertümer zu beobachten. Die englische Armee erzwingt die Auslieferung des Steins von Rosette, der neben Lord Elgins Parthenonskulpturen im Britischen Museum seinen Platz findet. Ein vergleichbarer national gefärbter Konflikt zwischen englischen, französischen und deutschen Forschern entzündet sich 1886–70 an der wichtigen Inschrift des kanaanitischen Königs Mesha von Moab.

Nun liesse sich hier einwenden, ein bedeutender Teil der Bestände der internationalen Antikenmuseen stamme aus Ausgrabungen. Bis weit ins 19. Jahrhundert blieb es ein wesentliches Ziel der (häufig von Museen finanzierten) Grabungsunternehmen, für öffentliche und private Sammlungen bedeutende Einzelstücke klassischer Kunst zu beschaffen. A. H. Layard, von 1845 bis 1851 einer der erfolgreichsten Ausgräber in Mesopotamien, hat das exemplarisch formuliert: «To obtain the largest possible number of well-preserved objects of art at the least possible outlay of time and money.» Grabung aber war – sieht man von

Grenzfällen wie Heinrich Schliemann ab – weder formalrechtlich noch im Verständnis der Ausgräber selbst Kunstraub. Lange gaben Lizenzen und Antikengesetze dem Archäologen das Recht auf einen beträchtlichen Teil der geborgenen Funde. Noch 1953 war der Schreibende in Alt-Paphos Zeuge der Fundteilung zwischen dem Direktor des Zypern-Museums und dem englischen Grabungsleiter. Zudem – ein weiteres Paradox der Situation – bedeutete die Überführung antiker Kunstwerke in europäische und amerikanische Museen in vielen Fällen deren Rettung. Das gilt etwa für die prachtvolle Fassade des ummayadischen Wüstenschlosses Mshatta in Jordanien. Erst als Teile des Monuments bereits zu Schotter für die Bagdad-Bahn zerschlagen waren, kam es durch das Eingreifen Wilhelms II. in das Berliner Pergamon-Museum.

Aber der legale Weg der Ausgrabung vermochte angesichts der wachsenden Konkurrenz von Museen und Sammlern den Bedarf nicht annähernd zu decken – und vermag es immer weniger. War die Archäologie des 19. und frühen 20. Jahrhunderts unerschütterlich von ihrem Recht überzeugt, ergrabene oder erworbene Kunstwerke in das eigene Land zu verbringen, so haben sich die Massstäbe heute verändert. Je mehr die – in sich selbst nicht völlig unproblematische – Idee der «national heritage» an Boden gewinnt, desto weniger Funde verlassen noch legal ihr Herkunftsland.

Neuerwerbungen antiker Kunst stammen darum mehr und mehr aus dem Handel. Zum Teil verfügt er über eine Manövriermasse älterer, den Besitzer wechselnder Sammlungsbestände. Doch spektakuläre neue Werke sind allzuoft Ergebnis planmässig organisierten Antikenraubs. Der vor wenigen Jahren vom New Yorker Metropolitan Museum gekaufte Krater des grossen attischen Vasenmalers Euphronios oder die vom Getty-Museum erworbene Aphrodite von Morgantina, beides Stücke aus italienischen Raubgrabungen, sind nur zwei besonders prominente Zeugnisse dieser desolaten Sachlage.

Am Ende sind wir mit einem paradox anmutenden Dilemma konfrontiert. Erforschen, Vermitteln und Bewahren der Hinterlassenschaft alter Kulturen durch die Archäologie schaffen mit dem Interesse an diesen Kulturen unabwendbar auch Anreize zu deren Ausplünderung. Anders gesagt: Je mehr Wert und Bedeutung archäologischer Funde dem Publikum vertraut werden, je mehr Massnahmen zu ihrem Schutz von den Ursprungsländern getroffen werden – desto höher steigt der Marktwert antiker Kunst, desto lockender wird auch die Versuchung zu gewinnbringender Raubgräberei. Es wird noch mancher Anstrengung bedürfen, um diese unterschwellige Dialektik von Archäologie und Antikenraub aufzulösen.

Heinz Dieter Kittsteiner

Die Geschichte der Quadriga auf dem Brandenburger Tor

Im Jahre 1788 ging ein Gebot von König Friedrich Wilhelm II. aus, dass Berlin verschönert werden solle. Im Zentrum der «Embellierungsmassnahmen» stand die Verbindung der Prachtstrasse Unter den Linden nach Westen hin zum Tiergarten. Carl Gotthard Langhans wurde damit beauftragt, das alte Brandenburger Tor durch ein neues Tor im Stil des Klassizismus zu ersetzen; Athen galt nicht zu gering, um als Vorbild zu dienen. Gekrönt wurde das Tor durch ein monumentales Vierergespann mit einer – ja, womit? Mit einer Friedensgöttin oder einer Siegesgöttin? «Die auf der Attique stehende Quadriga stellet den Triumph des Friedens vor, das darunter angebrachte Basrelief bedeutet den Schutz der gerechten Waffen, welchen sie der Unschuld leisten.» So heisst es in Langhans' Pro Memoria. Es ist der Triumph des Friedens nach dem errungenen Sieg, Nike und Eirene in einer Person. Der Plan für das erläuternde Relief sagt es deutlich: Es geht um «den Frieden als eine natürliche Folge des Sieges».

Johann Gottfried Schadow überarbeitete für das Relief einen noch ganz im anmutigen Stil des Rokoko gehaltenen Entwurf: Der Wagen des triumphierenden Friedens wird von Putten gezogen. Oben auf dem Tor geht es heroischer zu: Vier Pferde in kraftvoller Gangart mit aufmerksam hochgestellten Ohren ziehen den Wagen der Lenkerin, die immer schon als etwas steif geraten galt, die aber eben deshalb den Eindruck ruhiger Stärke vermittelt. Von der Grundidee her bietet das Brandenburger Tor – 1791 ohne grossen Aufwand als «Friedenstor» eingeweiht – einen allegorischen Rückblick auf Preussens Aufbau nach dem nur mit knapper Not überstandenen Siebenjährigen Krieg.[1]

Doch es steht schon in einer neuen Zeit, denn gebaut wird das Tor in einer Parallelaktion zur Französischen Revolution. Ende Juni 1793 wird das aus Kupfer getriebene Vierergespann auf dem Brandenburger Tor aufgestellt. In Paris beschliesst man gerade die radikale Jakobinische Verfassung – es beginnt die Zeit des «terreur». 1795 verständigt sich Preussen mit Frankreich im Sonderfrieden zu Basel. An der Quadriga wird um diese Zeit noch etwas nachgebessert: Ursprünglich hielt sie Brustpanzer und Helm auf einer Stange, nach Art eines antiken Tropaions – aber die Leute meinten, das sehe aus wie eine Laterne. 1795 bekommt sie statt dessen einen bescheidenen Lorbeerkranz mit einem römischen Adler in die Hand gedrückt.

Ein römischer Adler? Welche Vorahnung: Die von Frankreich ausgehenden Ereignisse werden nun bald das Berliner «Friedenstor» einholen. Denn 1796 beginnt der Siegeslauf Napoleons durch Europa, und in der Doppelschlacht von Jena und Auerstedt ereilt er 1806 Preussen. Doch Napoleon kommt nicht nur als Sieger, er sammelt auch Kunstwerke ein. Damit liegt er im Trend, denn die Französische Revolution hatte mit der «Nationalisierung» von Kunstschätzen begonnen. Die Kunst sollte dem Volke zugänglich sein; enteignet wurden neben Ludwig XVI. auch die adligen Emigranten; ebenso gelangte Kunst aus Kirchen und Klöstern in den neuen, zentralisierten Kunstpalast: in den Louvre. Napoleon setzte dieses System im eroberten Ausland fort. Was ursprünglich noch revolutionäres Pathos gewesen war, wurde unter seiner Herrschaft zum ganz gewöhnlichen Kunstraub in einem Ausmass, wie ihn Europa seit dem 17. Jahrhundert nicht mehr erlebt hatte. Gerade sein Italienfeldzug stiess in eine reiche Kunstlandschaft vor. Gemälde aus der Akademie von Parma beispielsweise wurden 1796 eingepackt, Venedig verlor seine – 1204 wiederum aus Konstantinopel entwendeten – Bronzepferde von San Marco für die Zeit von 1797 bis 1815.

Napoleon selbst liess sich bei seinen Requirierungen von einem Spezialisten begleiten, dem Zeichner und Kunstsammler Dominique Vivant Denon. Im Jahre 1803 wurde er zum Koordinator der napoleonischen Kunstpolitik. Ein «Weltmuseum» sollte entstehen, das Kunstwerke vom alten Ägypten bis zur Hochrenaissance sein eigen nennen konnte – zusammengestellt aus Raubgut. Was Berlin betraf, so verschmähte man auch zeitgenössische Kunst nicht. Am 27. Oktober 1806 zog der Kaiser durchs Brandenburger Tor. Noch nicht ganz ein Jahr später, am 17. Mai 1807, traf die Quadriga, in grosse Kisten verpackt, auf dem Wasserwege in Frankreich ein, um den Pferden von San Marco Gesellschaft zu leisten. Napoleon als Pferdedieb. So zeigt ihn auch eine Karikatur von 1814: Er hat eine Leiter ans Brandenburger Tor angelegt und holt Pferd und Wagen herunter.

Letztlich umsonst, denn aus der Aufstellung der Quadriga in Paris auf einem eigens für sie zu errichtenden Triumphbogen ist nichts geworden; die Transportschäden wurden zwar sorgfältig beseitigt, dann aber führte das restaurierte Gespann ein Leben im Depot. 1814 gar, als die Engländer und Preussen auf Paris vorrückten, wurde es in ein Versteck gebracht. Verstecke pflegen entdeckt zu werden, so geschah es auch hier. Welchen Symbolwert die Quadriga inzwischen erhalten hatte, sieht man daran, dass sie mit dem Degen Friedrichs des Grossen zurückverlangt wurde – denn Napoleon war ein Verehrer Friedrichs des II. gewesen und hatte daher dessen Degen mitgehen lassen. Nun beginnt die triumphale Rückkehr des Vierergespanns: nicht auf dem Wasserweg, sondern bewusst auf dem Landweg.

Die doppelte Bedeutung der Göttin auf dem Wagen: Eirene und Nike, hat sich nun – nach Raub und Rückführung – eindeutig zur Siegesgöttin hin verschoben, jetzt bekommt sie das Eiserne Kreuz im Lorbeerkranz mit dem preussischen Adler als zusätzliches Attribut. Erst durch den rückgängig gemachten Kunstraub ist das Brandenburger Tor zum preussisch-vaterländischen Symbol geworden.

Nun kommen für die Viktoria ruhige Jahre, es sind die Jahre der Restauration, das System Metternich legt sich ebenso friedlich wie erstickend über Europa. Die 1848er Revolution bricht aus und geht wieder zugrunde; das Vierergespann betrachtet alles aus erhabener Höhe. Inzwischen ist es zur Gewohnheit geworden, Militärparaden und Fest- oder Trauerzüge von staatswichtiger Art durchs Brandenburger Tor zu führen. Diese Nutzung wird hochpolitisch aufgeladen, als im Juni 1871 Kaiser Wilhelm I. als Sieger im Deutsch-Französischen Krieg unter der Quadriga hindurch in Berlin einmarschiert. Das kaiserliche Tor wird zum Triumphbogen; ein Photo von 1895 zeigt es in nächtlich-feierlicher Illumination zum Gedenken an den 2. September: «Sedan. Welch eine Wendung durch Gottes Führung.» Doch dann wird es erst recht ungemütlich in Europa – die Quadriga merkt davon etwas im Jahre 1918. Plötzlich kurven aufrührerische Marinesoldaten auf einem Lastwagen durch das Tor – und zwischen den Rädern des Siegeswagens der Quadriga liegen Regierungssoldaten mit dem Maschinengewehr im Anschlag: Sie gerät unter revolutionären Beschuss. Die schon lange geplante Restaurierung hat nun wirklich etwas zu tun; sie kommt 1926/27 zustande – rechtzeitig, um das Viergespann für seinen Untergang zu rüsten.

Am 30. Januar 1933 marschieren die Braunhemden im Fackelzug unter der Quadriga hindurch. Und wie das Schicksal Deutschlands ist auch ihr Schicksal damit besiegelt. Sie wird im Zweiten Weltkrieg nicht vom Tor abgenommen – das hätte nach Defaitismus ausgesehen – und bekommt in den letzten Kriegstagen einen Artillerietreffer. Dieses Mal wird sie nicht geraubt, sondern zerstört. Die Überreste bleiben auf dem Tor stehen, bis sie in einer «Aufräumaktion» der sozialistischen Freien Deutschen Jugend am 1. Mai 1950 auseinandergeschweisst und vom Tor hinabgestürzt werden. Die Bruchstücke verschrottet man; nur ein Pferdekopf der alten Quadriga erscheint erhaltenswürdig und steht noch heute im Märkischen Museum. Doch mit diesem sozialistischen Happening ist ihre Geschichte nicht zu Ende. 1942/43 hatte man vorsichtshalber einen Gipsabguss genommen – und nach diesem entsteht sie nun wieder neu. Am 1. und 2. August 1958 wird sie von Westberlin nach Ostberlin übergeführt und auf dem Pariser Platz zusammengesetzt. Doch jetzt ist sie in den kalten Krieg geraten und wird am 3. August – nicht eigentlich geraubt, wohl aber verschleppt. Es entbrennt ein wüstes Zeitungsgefecht: West gegen Ost. Was wollen die kommunistischen Machthaber ihr antun? Sie rot anmalen? Ihr Hammer und Sichel in die

Hand drücken oder gar eine Friedenstaube? Nein, das nicht, aber die «Embleme des preussisch-deutschen Militarismus, der Preussenadler und das Eiserne Kreuz» – die müssen abgenommen werden und dürfen nicht wieder aufs Tor mit hinauf.

In dieser Version wird die Quadriga mitsamt dem Tor 1961 zerniert, und es herrscht die gespannte Ruhe von «Mauer und Stacheldraht». Bis es auch damit eines Tages vorbei ist – für die Siegesgöttin gibt es ein lautes Erwachen. Denn im Überschwang der Silvesternacht 1989/90 wird das Brandenburger Tor erklettert und das Vierergespann erheblich beschädigt; vor allem die Eichenlaubblätter aus dem Siegeskranz gelten als beliebte Erinnerungsstücke. Wieder wird sie abgenommen, wieder restauriert und hinaufgehievt – jetzt und für die nächste politische Ewigkeit mit dem Eisernen Kreuz und dem preussischen Adler.

Nein, sie wird nicht geopfert, aber ein Künstler hat es vor kurzem tatsächlich vorgeschlagen. Von den 528 unsinnigen Entwürfen, die beim künstlerischen Wettbewerb für das «Denkmal für die ermordeten Juden Europas» eingingen, ist dies einer der unsinnigsten. Dem Künstler Horst Hoheisel aus Kassel war es in den Sinn gekommen, das Brandenburger Tor samt Quadriga als Opfergabe für den Holocaust hinzugeben: «Das Brandenburger Tor wird abgetragen, Steine und Bronze werden zu Staub zermahlen. (Übrigens: auch die wiedererstandene Quadriga ist historisch getreu aus getriebenem Kupfer gefertigt und nicht in einem Bronzegussverfahren.) Der Staub wird auf dem Denkmalsgelände verstreut.» Dann sollte es mit Platten gedeckt werden mit den Namen der betroffenen Länder und den Zahlen der Ermordeten. Der Künstler hatte sich für dieses Vorgehen eine Frage an die Deutschen ausgedacht: «Die Frage dieses Entwurfes lautet: Würde das Volk der Täter angesichts des Völkermordes an den europäischen Juden und Roma und Sinti bereit sein, sein nationales Symbol als Denkmal zu opfern? Können die Deutschen eine doppelte Leere ertragen? Den leeren Ort des Pariser Platzes ohne das Brandenburger Tor und den leeren Ort der Ministergärten ohne entlastendes Denkmal aus Stein, Stahl oder Bronze?»

Kein entlastendes Denkmal – eine geopferte Leere. Das eine ist schon pathologisch genug, das andere ist schlimmer. Denn ein Opfer würde in der Tat die Vorstellung nähren, nun seien die Deutschen mit ihrer Geschichte wirklich quitt und könnten zur Tagesordnung übergehen. Denn das ist die Logik des Opferns: «Do ut des.» Das Opfer zwingt geradezu den, der es annehmen soll, zur versöhnenden Gegengabe. Wer aber möchte schon ein solches Opfer annehmen.

Von dieser unheiligen Trinität des gewaltsamen Umgangs mit Kunst ist eigentlich der Kunstraub die harmloseste Form, wenngleich seine ursprüngliche Intention: Beschädigung der Identität des Beraubten, nicht zu verkennen ist. Denn trotz dem imperialen Gestus bleibt das Werk zumeist erhalten; es wird nur «transloziert». Der Raub ist die schon zivilisierte Form der Kunstzerstörung. Ist das Kunstgebilde lange genug am neuen Ort, kann es dort Wurzeln schlagen und eine eigene Tradition samt Aura begründen wie die aus Konstantinopel geraubten Pferde von San Marco in Venedig. Der Napoleonische Kunstraub war zu kurzlebig – wie sein ganzes Reich. Und da liegt ein entscheidender Unterschied: Es gibt Kunsträubereien, die so alt sind, dass sie selbst schon wieder etwas Ehrwürdiges haben. Welcher Deutsche würde von der schwedischen Universitätsbibliothek zu Uppsala schon ernstlich den «Codex argenteus» – die Bibel des Bischofs Ulfilas – zurückfordern, um sie wieder im Kloster Werden an der Ruhr zu deponieren? Ganz abgesehen davon, dass die Prunkstücke aus Italien stammen. In solchen und vielen anderen Fällen ist der Raub Geschichte geworden.

Zu solcher Patina haben es die vergleichsweise kurzlebigen politischen Gebilde des 19. und 20. Jahrhunderts nicht gebracht; hier können Rückforderungen sinnvoll sein. Im Zeitalter des globalen Tourismus bleibt jedoch zu bedenken, dass die Rettung des Werkes für ein Weltkulturerbe wichtiger ist als die Ausstellung in diesem oder jenem Land. An der Berliner Quadriga ist es gut zu beobachten: Kunstraub ist rückgängig zu machen – Kunstzerstörung ist nur noch damit zu beheben, dass ein Duplikat akzeptiert wird; mit dem Eingeständnis also, dass die Idee des Kunstwerks wichtiger sei als seine materielle Identität.

Im 20. Jahrhundert ist in Europa die Zerstörung von Kunstwerken verheerender gewesen als der Kunstraub; es gehört zu den Signaturen der Barbarei in diesem Jahrhundert, neben den Raub wieder die Zerstörung im grossen Massstab gesetzt zu haben. Insofern sind die Fragen nach der Rekonstruktion des Zerstörten heute im Grunde wichtiger als die Streitereien um die Herausgabe von Erhaltenem. Zur Kriegseinwirkung ist noch die Zerstörung aus ideologischen Gründen hinzugetreten. Soll beispielsweise das Berliner Schloss wieder aufgebaut werden? Schwer angeschlagen und ausgebrannt hatte es den Zweiten Weltkrieg überlebt – aber es stand doch noch zu grossen Teilen. Die Sprengung begann erst im September 1950.

Hier – wie anderswo auch – sprach man die Steine schuldig, um den vermeintlich in ihnen hausenden «Ungeist» zu treffen, da man doch besser bei sich selbst und seinem eigenen Gewissen angefragt hätte. Ebenso erging es der Quadriga: Ihre zerschossenen Reste wurden nicht restauriert, sondern in einer «Säuberungsaktion» vom Dach des Brandenburger Tores gefegt, ganz so, als ob man damit das Dritte Reich unter den Tisch kehren könne. Erst später besannen sich die Deutschen auf ihre Untaten. Doch seltsam: Auch in diesem Kontext ist der fetischistische Gedanke nicht ganz verschwunden, anstatt in sich zu gehen, sich an den Monumenten zu rächen. Der Einfall, das Brandenburger Tor samt Quadriga als «Kunstopfer» für deutsche Schuld zu Staub zu zermahlen, ist die ultimative Form eines barbarischen Umgangs mit Kunst, der mit Raub und Zerstörung begann.

---

[1] Literatur zum Thema: Ulrike Krenzlin (Hg.): Die Quadriga auf dem Brandenburger Tor. Berlin 1991. Michael S. Cullen / Uwe Kieling: Das Brandenburger Tor. Berlin 1994. Willmuth Arenhövel / Rolf Bothe: Das Brandenburger Tor 1791–1991. Berlin 1991.

Kunstraub im 20. Jahrhundert

Christina Kott

Kunstwerke als Faustpfänder im Ersten Weltkrieg

Die verbreitete Ansicht, die Deutschen hätten während der Besetzung Nordfrankreichs im Ersten Weltkrieg selbstlos besondere Massnahmen zum Schutz der feindlichen beweglichen Kunstwerke getroffen, muss zumindest teilweise revidiert werden. Denn die Evakuierung von Kunstwerken aus nordfranzösischen Museen und Privatsammlungen steht in engem Zusammenhang mit Wilhelm von Bodes Plänen zur Rückgewinnung deutscher Kunstwerke aus Frankreich. Bei zukünftigen Friedensverhandlungen sollten die als Faustpfänder beschlagnahmten französischen Kunstwerke gegen die aus den napoleonischen Kunstraubzügen nicht zurückerstatteten deutschen getauscht werden. Die Problematik der Benutzung von «Kunstwerken als Geiseln» oder als Entschädigung für eigene Verluste ebenso wie die damit verbundene Frage der Restitution von Kulturgut, das der Sieger dem Besiegten während oder nach kriegerischen Handlungen entwendete, ist heute brisanter denn je: In russischen Depots lagern heute enorme Bestände von Kunstwerken, die die Sowjets 1945 beschlagnahmt hatten. Historisch gesehen ist die Frage der friedensvertraglichen Restitutionsregelungen für Kulturgüter seit den massenhaften Rückführungen von Beutekunst aus den napoleonischen Kunstraubzügen nach 1815 jedoch erst wieder bei Beendigung des Ersten und vor allem nach dem Zweiten Weltkrieg aufgetreten. Im Vergleich zu den Friedensverträgen von 1947 enthielten aber die nach dem Ersten Weltkrieg unterzeichneten Verträge Restitutions- und Reparationsklauseln in wesentlich geringerem Ausmass. Dies ist darauf zurückzuführen, dass es, und darüber besteht ein internationaler Konsens, 1914–1918 keinen klassischen, nach napoleonischem Vorbild ausgeführten Kunstraub gegeben hatte. Auch für die deutsche Besatzung von Belgien und von Teilen Frankreichs lässt sich kein offizieller Kunstraub belegen. Die Deutschen des Ersten Weltkriegs sind vielmehr als mutwillige Zerstörer von Bauwerken wie der Kathedrale von Reims oder wissenschaftlicher Einrichtungen wie der Universitätsbibliothek im belgischen Löwen in die Geschichte eingegangen.

Zu hinterfragen ist beispielsweise die Tatsache, dass sich in der französischen Überlieferung bis heute hartnäckige Gerüchte über einen versuchten Kunstraub der Deutschen aufrechterhalten haben, während in Deutschland, ebenfalls bis in jüngste Zeit hinein, das Bild vom integren, kunstliebenden Offizier, der die Kunstwerke des Feindes nicht nur schützte, sondern auch wissenschaftlich erforschte, unbestritten blieb. Was die deutsche Seite betrifft, so liegt es sicherlich an der eifrigen publizistischen Tätigkeit des Bonner Professors der Kunstgeschichte und damaligen Vorsitzenden des Denkmalrates der Rheinprovinz, Paul Clemen (1866–1947), der das zweibändige Rechtfertigungswerk «Kunstschutz im Kriege» (Leipzig 1919) herausgegeben hatte. Es ist Clemen, der das weitgehend positive, unkritische Bild vom Umgang der deutschen Besatzungsmacht mit dem feindlichen Kulturgut geprägt hatte.

Liest man den Bericht Theodor Demmlers über «Die Bergung des mobilen Kunstbesitzes in Nordfrankreich» in Clemens Werk, käme man nicht auf die Idee, es habe sich bei den Evakuierungen von Kunstwerken aus den reichhaltigen nordfranzösischen Museen in weniger gefährdete französische Städte nahe der belgischen Grenze um etwas anderes als um Sicherungsmassnahmen «im Interesse Frankreichs» gehandelt. Bis heute ist es bei Andeutungen über die tatsächlichen Motive dieser als «Kunstschutz» getarnten Verschiebungsaktionen geblieben, die einerseits mit Absicht geheimgehalten worden waren, an deren Aufklärung andererseits vor allem nach dem Zweiten Weltkrieg kein Interesse mehr bestand.

Seit September 1914 bemühte sich der Generaldirektor der Königlichen Museen zu Berlin, Wilhelm von Bode (1845–1929), unermüdlich um die Rückgewinnung von Kunstwerken, die während der napoleonischen Kunstraubzüge in Deutschland beschlagnahmt worden waren und auch nach dem Zweiten Pariser Frieden von 1815 in Frankreich verblieben waren.[1] Deren Standorte sowohl in französischen Provinzmuseen als auch in Museen der Hauptstadt waren zwar teilweise bekannt, ein grosser Teil galt jedoch als verschollen. Auf von Bodes Anregung hin hatten die betroffenen Museen in Kassel, Braunschweig, Berlin und anderen Städten Listen ihrer fehlenden Werke erstellt, die vom Reichskanzler zunächst an das Auswärtige Amt weitergeleitet wurden. Bei den 1914 noch in Kürze erwarteten Friedensverhandlungen mit Frankreich sollte ihre Rückführung als Forderung vorgebracht werden. Die veränderte Kriegssituation, die Aussicht auf eine länger andauernde Besetzung französischer Gebietsteile und schliesslich Berichte über die an Meisterwerken reichen nordfranzösischen Sammlungen veranlassten von Bode im Juni 1915, erneut Kontakte mit den zuständigen politischen Instanzen aufzunehmen. Obwohl er sich wiederholt öffentlich gegen jede «Kriegsentschädigung in Kunstwerken» und jede «widerrechtliche Abführung von Kunstwerken aus feindlichem Gebiet» ausgesprochen hatte, schlug er nun doch vor, die nordfranzösischen Kunstwerke mit Beschlag zu belegen, um sie bei den Friedensverhandlungen als Faustpfänder für die aus Frankreich zurückgeforderten Werke zu verwenden. Seit Kriegsausbruch waren mindestens zwei Werke aus nordfranzösischen Museen mit der Begründung der angeblich deutschen Herkunft nach Deutschland übergeführt worden: die Tapisserie «Le Tournoi» aus Valenciennes und das Gemälde «L'Assomption» von Piazzetta aus Lille. Zahlreiche weitere intensive Nachforschungen über die vermeintlich deutsche Provenienz von Kunstwerken in den besetzten Gebieten wurden in Zusammenarbeit mit Kunsthistorikern an der Heimatfront betrieben.

Trotz der Unterstützung durch Kaiser Wilhelm II. stiessen von Bodes Vorschläge beim Leiter der Rechtsabteilung des Auswärtigen Amtes, Kriege, auf grösste Bedenken: erstens sei jede Beschlagnahme von Kunstwerken nach Artikel 56 der Haager Landkriegsordnung von 1907 untersagt, zweitens befürchtete man, dass «das feindliche wie das neutrale Ausland in der Beschlagnahme nichts weiter sehen würden als einen Raub, der überall nach Kräften gegen unseren Ruf ausgebeutet werden würde». Auch wollte man nicht riskieren, dass das deutsche Privateigentum im Ausland, den Wert der französischen Kunstwerke übersteigend, der Gefahr einer Konfiszierung als feindlicher Vergeltungsmassnahme ausgesetzt wurde.

Als wichtiges Argument brachte man ausserdem vor, die deutschen Ansprüche auf Rückerstattung seien längst verjährt, da sie durch den letzten Friedensschluss zwischen Frankreich und Deutschland, also 1871, hätten erfüllt werden müssen. Tatsächlich waren schon 1870 von den betroffenen Museen Listen aufgestellt und den politischen Verantwortlichen übergeben worden. Warum dann die deutschen Forderungen, über deren Legitimität Konsens bestand und für die der Moment günstig gewesen wäre, nicht einmal Gegenstand der Verhandlungen waren, bleibt unklar; laut von Bode habe es an den «diplomatischen Schwierigkeiten der Frankfurter Friedensverhandlungen» gelegen.

Der geeignete äussere Anlass zur Durchführung der Beschlagnahmungspläne bot sich erst im Mai 1916, als angeblich französische Kriegsschiffe die deutsche Ausgrabungsstation Didyma in der Türkei beschossen. Obwohl sich bald herausstellte, dass es sich um englische Kriegsschiffe gehandelt hatte, wurde die Beschlagnahme der französischen Kunstwerke auch als Entschädigung für die im übrigen geringfügigen Verluste in Didyma gefordert. Nach längeren Verhandlungen konnte von Bode im Oktober 1916 mit Zustimmung des Auswärtigen Amtes die Ernennung von Theodor Demmler, dem stellvertretenden Direktor der Königlichen Museen zu Berlin, als Beauftragtem für die Bestandsaufnahme der als Faustpfänder in Frage kommenden Kunstwerke durchsetzen. Entgegen den deutschen Befürchtungen, die Kunstwerke seien grösstenteils von den Franzosen versteckt oder ausser Landes gebracht worden, konnte der nach aussen als «Kunstschutzbeauftragte» auftretende Demmler schon nach wenigen Wochen die relative Unversehrtheit und die Vollständigkeit der Sammlungen feststellen.

Zugleich plädierte er für eine möglichst rasche Überführung der durch die deutschen Rückzugsvorbereitungen bedrohten Sammlungen an sicherere Orte – allerdings nur im Etappengebiet. Obwohl er zwar prinzipiell der Meinung war, die Kunstwerke seien am sichersten in Deutschland aufbewahrt, ging es ihm vorerst darum, das Vertrauen der Franzosen, das er durch die Rückgabe der erwähnten Tapisserie wiedererlangt hatte, nicht zu verspielen.

Das Auswärtige Amt stimmte dieser etappierten Evakuierung «freilich mit mauvaise grâce» (von Bode) und auf starken Druck von oben zu; den auch von militärischer Seite gewünschten Abtransport der Kunstschätze nach Deutschland lehnte es aber weiterhin kategorisch ab: eine Sicherung würde allein im Interesse Frankreichs erfolgen. Unter grossen Schwierigkeiten begann dann Anfang 1917 die Evakuierung zahlreicher Kunstwerke aus Museen und Privatsammlungen in Saint-Quentin, Lille, Douai, Cambrai, Laon in die Städte Maubeuge und Valenciennes. Dabei handelte es sich nicht nur um die von Demmler als Faustpfänder selektierten, sondern auch um unzählige andere Objekte, die der Rettung für wert befunden worden waren. Die Trennlinie zwischen Kunstschutzmassnahme, einer Beschlagnahmung von Faustpfändern und reiner Plünderung ist im nachhinein schwer zu ziehen.

Für die primär an der Erhaltung der Kunstwerke interessierten Kunstsachverständigen bedeutete die Evakuierung eine äusserst heikle Aufgabe: der Mangel an Transportmitteln und Arbeitskräften sowie auch das Desinteresse der militärischen Befehlshaber erschwerten das Vorhaben. Eine Ausnahme bildete hierbei einzig die Überführung der berühmten Pastelle von Maurice de La Tour aus dem Musée Lécuyer in Saint-Quentin. Zugleich mussten die französischen Verantwortlichen oder Besitzer von der Notwendigkeit der Evakuierung überzeugt werden, ohne die Rückzugsabsichten und das Beschlagnahmevorhaben preiszugeben, denn, so hiess es in den «Richtlinien für die Behandlung der Kunstschätze in den gefährdeten französischen Ortschaften» vom 14. Februar 1917: «Es ist alles zu vermeiden, was den Verdacht erwecken könnte, als geschähe die Rückführung in deutschem Interesse.»

«Bündiger, als dies durch Worte geschehen konnte», versuchte man, die bereits kursierenden Gerüchte von deutschen Kunstraubabsichten zu widerlegen, indem man einen Teil der «geborgenen» Kunstwerke in Ausstellungen zugänglich machte. Die am 1. Juni 1917 in Anwesenheit von Vertretern der neutralen Länder Schweiz und Dänemark eröffnete Präsentation in dem zu einem Museum umfunktionierten Kaufhaus «Au pauvre diable» in Maubeuge zeigte u. a. die erwähnten Pastell-Porträts von de La Tour in Anlehnung an von Bodes Ausstellungspraxis zusammen mit Möbeln, Plastiken und Kunstgegenständen aus der gleichen Zeit. Im «Zentralen Bergungsmuseum» in Valenciennes, in dem mehrere tausend Kunstwerke, Bücher und Handschriften aus den wichtigsten nordfranzösischen Sammlungen untergebracht waren, wurden analoge Ausstellungen durchgeführt. Mit beiden Veranstaltungen wurde ein doppelter propagandistischer Zweck verfolgt: auf der einen Seite sollte die Überlegenheit der deutschen über die französische Museumsarbeit und Kunstgeschichtsschreibung belegt werden, auf der anderen die kunstinteressierte Weltöffentlichkeit von der unversehrten Präsenz des französischen Kulturguts auf französischem Boden und den deutschen Bemühungen um seine Rettung, Konservierung und Erforschung überzeugt werden. Diese bisher wenig bekannte Form deutscher Kulturpropaganda geschah mittels der zum Teil aufwendig gestalteten, illustrierten Ausstellungskataloge, die von der «Zentralstelle für Auslandsdienst» in erster Linie in den neutralen Ländern Schweiz, Holland, Dänemark und Schweden verbreitet wurden.

Während des endgültigen deutschen Rückzugs im September 1918 scheiterte die geplante Evakuierung des Museums «Au pauvre diable» in Maubeuge an fehlenden Transportmitteln, die in Valenciennes untergebrachten Sammlungen wurden jedoch mit Zustimmung der französischen Verwalter auf dem Schienen- und Wasserweg nach Brüssel verbracht. Eine Überführung nach Deutschland, wie sie bis zuletzt vom Kaiser gewünscht wurde, lehnte das Auswärtige Amt nach wie vor ab. Die in den letzten Kriegswochen zu einer gewissen Berühmtheit gelangten «Kunstkähne» erreichten nach einer abenteuerlichen Fahrt den

Hafen von Brüssel, wo ihre Ladung vorerst auf verschiedene Museen verteilt wurde, bevor die Kunstwerke infolge der deutschen Revolutionsunruhen einen Tag nach dem Waffenstillstand zunächst den belgischen Behörden, dann den französischen Besitzern übergeben werden mussten. Die Waffenstillstandsbedingungen regelten die Rückgabemodalitäten: so mussten die Kosten für die Rücktransporte der nach Valenciennes evakuierten Sammlungen vollständig von den Deutschen übernommen werden. Als besondere Demütigung empfanden die deutschen Vertreter die Tatsache, dass ihnen die «Kunstschutzmassnahmen», die effektiv zur Rettung vieler französischer Meisterwerke beigetragen haben mochten, als versuchter Kunstraub angelastet wurden.

Durch französische Presseartikel in führenden Zeitschriften aufgeschreckt, aber noch bevor überhaupt offizielle französische Forderungen nach Kompensationen in Form von Kunstwerken aus deutschen Sammlungen vorlagen, protestierten deutsche Künstler und Intellektuelle im April 1919 in einer auf nationaler Ebene organisierten Veranstaltung gegen einen angeblich geplanten «zweiten französischen Kunstraub». Die Reparationsbedingungen des Versailler Vertrages sahen trotz diesbezüglichen Vorstössen keine «restitution in kind» an Frankreich vor, Deutschland wurde jedoch im Artikel 247 gezwungen, die belgischen Verluste durch die Herausgabe der Seitenflügel zweier Altäre, derjenigen des Genter Altars der Gebrüder van Eyck und derjenigen des Abendmahls-Altares von Dierick Bouts aus der St.-Peters-Kirche in Löwen abzugelten. Kunstwerke wurden immer dann zu Objekten starker nationaler Identifikation, wenn ihr «Verlust» durch Abgabe oder Rückgabe befürchtet werden musste (wie z. B. auch der Isenheimer Altar in Colmar) oder wenn sie, wie im Falle der Pastelle von de La Tour, aus den feindlichen Klauen «gerettet» werden konnten.

Ist nun die Beschlagnahmung von feindlichem Kulturgut zur Rückgewinnung ursprünglich eigener Kunstwerke, die in einem früheren Krieg entwendet worden waren, als Kunstraub zu bezeichnen? Ein Blick in die damalige Publizistik zeigt, dass von Bode nicht der einzige war, der in der Beschlagnahmeaktion kein Unrecht sah, sondern eine legitime deutsche Massnahme: der Museumsleiter Georg Swarzenski aus Frankfurt am Main zum Beispiel hielt Kunstwerke für die «denkbar geeignetsten Gegenstände zur Ausübung des Faustpfandes».

Noch ein drittes Mal innerhalb von 70 Jahren haben deutsche Pläne zur Rückgewinnung der nach 1815 nicht an Deutschland zurückerstatteten Kulturgüter bestanden. Im Unterschied zu 1870/71 und 1914–1918 ging es bei der «Goebbelsaktion» von 1940/41 aber nicht nur um die Wiedererlangung von Objekten aus napoleonischer Zeit, sondern um alle Kunstwerke «deutscher Herkunft», die seit 1764, ob illegal als Kunstbeute oder durch den Kunsthandel, in die vom Dritten Reich besetzten Länder geraten waren. Dennoch lassen sich Parallelen erkennen: anhand des von Goebbels und seinen Mitarbeitern zusammengestellten, 300 Seiten umfassenden Forderungskatalogs wollte Hitler bei den geplanten Friedensverhandlungen mit Frankreich die Herausgabe aller irgendwie «deutschen» Kulturgüter erzwingen.

---

[1] Die Ausführungen zu von Bode sind dem 1997 erschienenen, bisher unveröffentlichten dritten Teil von dessen Autobiographie entnommen: Thomas W. Gaehtgens und Barbara Paul (Hrsg.), Wilhelm von Bode: Mein Leben. Bearbeitet von Barbara Paul, Tilman von Stockhausen, Michael Müller und Uta Kornmeier. Nicolai-Verlag, Berlin 1997. Bd. 2, S. 401–403.

Cornelia Isler-Kerényi

Raubkunst aus dem Boden: Ein Problem nicht nur für die Schweiz

Die Diskussion um die Raubkunst darf die Raubgrabungen nicht ausser acht lassen. Man wird fragen: Wer wird da geschädigt? Oberflächlich und tendenziös ist die oft gehörte Meinung, es gehe bloss um nationale Anliegen der modernen Staaten, deren Boden tangiert wird. Weit mehr betroffen sind aber jene Menschen längst vergangener Kulturen, denen das einzige genommen wird, womit sie sich der Nachwelt mitteilen können. Wie war es möglich, dass ausgerechnet die klassische Archäologie ein solches Unrecht so lang toleriert hat?

Die Antike und ihre Kunst waren in der Schweiz lange so gut wie unbekannt, obwohl erste griechische Vasen aus Italiens Boden bereits zwischen 1830 und 1840 von «Auslandschweizern», Berner Offizieren in Neapolitaner Diensten und dem Zürcher Textilindustriellen J. J. Egg, ihren Heimatstädten Bern und Zürich geschenkt worden sind. Stärker präsent war seit den Klassikereditionen der Humanisten in Basel und Genf und der Einrichtung altphilologischer Universitätslehrstühle im 19. Jahrhundert die antike Literatur. Die Vermittlung antiker Kunst an die breitere Öffentlichkeit setzte sehr viel später ein mit Ausstellungen, wie 1942 «Antike Kunst in der Schweiz» in der Kunsthalle Bern, 1955 «Kunst und Leben der Etrusker» im Kunsthaus Zürich, 1960 «Meisterwerke griechischer Kunst» in Basel. Letztere bestand teils aus privat gesammelten Kunstwerken, teils aus Leihgaben berühmter griechischer Originale aus den Museen Roms. Zwei Jahre später folgte die Eröffnung des Basler Antikenmuseums. Einzelne Private hatten sich schon vorher diesem Kunstbereich gewidmet, wie frühe Auktionen bei Fischer in Luzern zeigen: 1936 jene der Zürcher Sammlung Arnold Ruesch (1882–1929), 1941 der Sammlung Ernst Pfuhl (1876–1940), Archäologieprofessor in Basel und Autor eines der weltweit meistbenützten Vasenhandbücher. Bekannte Privatsammlungen der fünfziger und sechziger Jahre waren die 1963 in Luzern ausgestellte und später zum grossen Teil ins Basler Antikenmuseum integrierte von Robert Käppeli und jene von Karl Hirschmann in Küsnacht (ZH), die 1993 wieder auf den Markt gekommen ist.

Zwischen 1950 und 1960 verlagerte sich das Zentrum des Antikenhandels von Luzern nach Basel. Deutlicher als vorher wurde die griechische Keramik neben den Münzen zum Schwerpunkt: Sie war in der republikanischen Schweiz von jeher besser akzeptiert als die grossformatige Kunst. Die zunehmende Bedeutung der Keramik im Handel war aber auch eine Folge der Entwicklung in der Wissenschaft. Eine neue, vom englischen Vasenspezialisten J. D. Beazley entwickelte Zuschreibungsmethode hatte das riesige Reservoir der nicht signierten Gefässe in Museen, Ausgrabungen und auch im Handel für die Wissenschaft zugänglich gemacht. Trotzdem blieb der Bezug der Keramik zur historischen Realität, dem Forschungsstand jener Zeit entsprechend, noch unbeachtet: Die klassische Archäologie verstand sich selbst in den Ursprungsländern der antiken Kunst weniger als Bodenforschung denn als Kunstgeschichte der Antike.

Dazu passt, dass sie jeweils auch Anregungen aus der gleichzeitigen Kunst aufnahm. Das Interesse verlagerte sich allmählich von der Kunst des klassischen Griechenland, die von Winckelmann bis zum ausgehenden 19. Jahrhundert im Zentrum gestanden hatte, auf sprödere, antiklassische, deshalb als lebendiger empfundene Perioden: auf den strengen Stil, den frühen archaischen und den geometrischen Stil. So traten beispielsweise auch die Kunst der Etrusker und die Kykladenidole aus dem 3. Jahrtausend ins Blickfeld der Sammler und des Handels.

Dies schlug sich wiederum sofort auf den Marktwert nieder und hatte zur Folge, dass immer grössere Gebiete des Mittelmeerraumes von zunehmend aggressiver operierenden Raubgräbern heimgesucht wurden. Dazu hier nur zwei Beispiele: 1993 ist eine gründliche Studie speziell zum Problem der Kykladenidole mit u. a. folgendem Ergebnis erschienen: «Thus, some 85% of the funerary record of the Early Bronze

Age Cyclades may have been lost through this unscientific search for figurines.»¹ Nicht nur sind Fundorte verwüstet und Fundzusammenhänge vernichtet worden. Die Zeugen einer der historisch spannendsten Epochen der Vergangenheit sind zu Projektionsobjekten modernen Ästhetizismus degradiert worden. Nicht weniger alarmierend steht es um die antiken Münzhorte Italiens, eine Fundkategorie von besonders hohem geschichtlichem Zeugniswert.²

Doch zunächst hielt im Antikenhandel die Wachstumseuphorie und zwischen Forschern, Sammlern und Händlern die ungetrübte Symbiose an. Für den 13. Dezember 1969 war in Basel eine weitere der mittlerweile zum gesellschaftlichen Ereignis avancierten Antikenauktionen angesagt. Darin figurierte mit dem ansehnlichen Schätzpreis von 150 000 Franken eine echte Sensation: ein griechischer Bronzepanzer aus dem 7. Jh. v. Chr. mit künstlerisch hochstehenden eingravierten Zeichnungen, der in jedem Handbuch zur archaischen Kunst vorkam, den aber seit 1890 niemand mehr im Original gesehen hatte. Er war bei Olympia vor Beginn der offiziellen Ausgrabungen 1870 gefunden und trotz dem damals in Griechenland bereits geltenden Gesetz zum Schutz der Bodenfunde ins Ausland verbracht worden. Renommierte Museen hatten ihre Vertreter nach Basel geschickt, man wartete gespannt auf den Zuschlag. Doch der Panzer wurde unter massivem Druck der griechischen Regierung zurückgezogen und nach Olympia gebracht.

Es folgten weitere Signale erwachender öffentlicher Sensibilität für die Bodenfundproblematik. Von 1970 ist die erste Konvention der Unesco zu dieser Frage. Der 1972 über Schweizer Kanäle durch das Metropolitan Museum erworbene Euphronioskrater ist nicht zufällig zum Symbol ebenso arroganter wie skrupelloser Kaufkraft geworden: Der dafür bezahlte horrende Preis (angeblich eine Million Dollar) machte auf einen Schlag sämtliche Schutzbemühungen der Ursprungsländer von griechischer Keramik zunichte.

In der Schweiz verharrte man zum Schaden des eigenen Rufes als Kunsthandelsplatz auf zumindest ethisch, wenn auch nicht eng juristisch fragwürdigen Positionen. In der Nacht zwischen dem 18. und dem

19. Oktober 1972 waren aus dem Museo Leone in Vercelli u. a. mehrere in der Gegend gefundene keltische Münzen entwendet worden. Zwei von ihnen erschienen in einem Basler Auktionskatalog vom 4./5. Dezember 1973. Die sofortige Rückforderung durch das geschädigte Museum, die ja auch der Klärung des Deliktes diente, wurde auf Grund des Schutzes des gutgläubigen Erwerbers gerichtlich abgewiesen und die beiden Goldmünzen zum Preis von 7300 beziehungsweise 7800 Franken zugeschlagen.[3]

Dass die oben genannte Symbiose auf derart glitschig gewordenem Feld kaum mehr ungetrübt weiterbestehen konnte, scheint im nachhinein auch dann evident, wenn man sich jedes rückwirkenden Moralismus enthält. Und die Frage stellt sich von selbst: Wie ist es möglich, dass einige Archäologen noch heute vor den Verlusten und Zerstörungen, vor dem eklatanten Missbrauch der Antike beide Augen zudrücken und sich vehement sowohl gegen einen Ankaufskodex für Museen[4] wie gegen die erste Konvention[5] wehren, welche neben dem bestohlenen Besitzer auch speziell die Bodenfunde schützen würde? Ist es nicht paradox, dass sich ausgerechnet die um ihre Sammlungen so Besorgten von den Befürwortern einer solchen Konvention verraten fühlen?

Die Wurzeln einer solchen Haltung liegen tief und meist im Unbewussten, weil die kritische Reflexion über den eigenen ideologischen Standort unter den klassischen Archäologen, wie allgemein in der Altertumswissenschaft, erst in den letzten Jahren in Gang gekommen ist. Viele sind auf bestimmte Bilder von Kultur und auf Vorstellungen von Geschichte fixiert, die um 1800 unter besonderen historischen Bedingungen in Göttingen und in Berlin geprägt worden sind. Wilhelm von Humboldt war, Winckelmann einseitig auslegend, möglicherweise der erste, aber lange nicht der letzte, der auf die Griechen als auf einen «aus edlerem und reinerem Stoffe geformten Menschenstamm» blickte. Wobei für ihn auch «die besondere Affinität der Deutschen zu den Griechen eine feststehende Tatsache» war.[6]

Holzschnittartig dargestellt, sieht jenes Kulturbild so aus: Jede Kultur ist ein organisches, gleichsam genetisch – vorhistorisch – gegebenes

System, das von den je eigenen Elementen Sprache, Religion, Kunststil charakterisiert wird. Je nach Niveau (vgl. das Humboldt-Zitat) liessen sich solche Kultursysteme mehr oder weniger von anderen Kulturen beeinflussen und verändern.

Der Verlauf der Weltgeschichte präsentiert sich dementsprechend wie folgt. Aus primitiven Vorstufen hat sich der Mensch auf einem langen, aufwärts führenden Stufenweg emanzipiert: von den Zwängen der Natur, von finsterem Aberglauben, von Unrecht und Despotismus. Das gottgegebene Ziel steht fest: Fortschritt, rechter Glaube, Demokratie. Auf diesem Weg stellt die griechische Kultur auf Grund ihrer angeblichen Superiorität eine bevorzugte Station dar. Doch klar darüber stehen wir, moderne westliche Menschen. «Was der Christ vor den Griechen voraushat, sollte selbstverständlich sein ...»[7] Das ist der ideologische Boden, auf dem bereits das noch heute als Grundlagenwerk dienende Handbuch «Die Etrusker» von K. O. Müller von 1828 gewachsen ist. Weil der Autor aber nur die grundsätzlich missgünstigen griechischen und lateinischen Quellen benützen konnte, war ein negatives Gegenbild jener Müllerschen «Dorier», der griechischsten aller Griechen, entstanden, die sich später als historisches Phantom herausstellten.[8] Dieser ist zumindest einer der Gründe, warum die Vasenforschung, und mit ihr die Sammler und Händler griechischer Keramik, bis vor kurzem gegen die Problematik des Fundzusammenhangs verschlossen blieb. Und warum den Etruskern, aus deren Land die meisten Vasen in Schweizer Besitz stammen, auch nach fünfundzwanzig Jahrhunderten die Legitimation eines Platzes in der Geschichte abgesprochen werden kann: «Un bon archéologue ne perd rien en ne sachant pas de quel tombeau étrusque vient un vase grec», so 1993 in Lausanne der bekannte Antikensammler George Ortiz unter dem Beifall anwesender Altertumswissenschafter.

Seit fünfzig Jahren orientiert sich auch die klassische Archäologie langsam, aber unaufhaltsam um. Sie hat sich von den idealen Vorstellungen beziehungsweise Projektionen, welche die traditionelle Kunstgeschichte der Antike prägten, ab- und der konkreten Lebenswelt zugewendet. Seitdem die von Müller und von seinen Zeitgenossen und Nachfolgern in der

Altertumswissenschaft errichtete «Berliner Mauer» zwischen Hellas und Italien bröckelt, ist man darauf neugierig geworden, wie Griechen und Etrusker wirklich zueinander standen. Der Verdacht, dass der nationalistisch geprägte moderne Blick den antiken Kulturen und dem antiken Selbstverständnis nicht gerecht wird, dass der Weg der Geschichte nicht von selbst aufwärts führt und es niemanden gibt, der es verdient, als vom Schicksal bevorzugt angesehen zu werden, ist unabweisbar.

Die Beschäftigung mit der Antike wird dadurch eigentlich auch um vieles spannender, und dies nicht nur für die Spezialisten. Eine Prachtsschale im Getty-Museum in Malibu (USA), die aus zahlreichen 1983, 1984 und 1985 auf dem Kunstmarkt erworbenen Scherben zusammengesetzt ist, kann die gegenwärtig interessierenden Fragen illustrieren. Sie ist vom athenischen Töpfer Euphronios signiert und kann dem Vasenmaler Onesimos zugeschrieben werden, gehört also in die Jahre kurz nach 500 v. Chr. Die gepflegte etruskische Ritzinschrift weist sie als Weihgabe an Hercle (griechisch Herakles) aus. Was kann ein damals schon so kostbares Werk (es ist antik repariert worden) mit erschütternden Bildern von den Greueln der Griechen in Troja für jenen Etrusker bedeutet haben, der es für teures Geld erworben und dem beliebten Heros gestiftet hat? Solche Fragen bleiben in diesem Fall allerdings ohne Antwort: Wie das Heiligtum aussah, was sonst an Weihgaben darin stand, werden wir nach der zerstörerischen Fragmentensuche der Raubgräber, die das ganze Stadtgebiet des antiken Caere (heute Cerveteri) verwüstet hat, nie mehr erfahren.[9]

Die Überwindung solcher Zustände und ein Zusammenarbeiten von Forschern, Sammlern und Händlern muss aber keine Utopie sein. Auch im Antikenhandel und bei den Sammlern wird die Einsicht nämlich durchdringen, dass die Kunst der Antike legal ebensowenig vermehrbar ist wie etwa die alten Teppiche oder die historischen Möbel; dass ein gesunder und attraktiver Markt auch hier eine Chance hat, obwohl der Expansion klare moralische und wissenschaftsethische Grenzen gesetzt sind.

Jene minimale Transparenz, welche die Unidroit-Konvention mit der Stärkung der Stellung des bestohlenen privaten und öffentlichen

Eigentümers und mit dem speziellen Schutz für Bodenfunde bewirken kann, käme jedenfalls allen zugute, die an die antike Kunst noch Fragen stellen möchten, auf welche die Antwort nicht im voraus feststeht. Nicht zuletzt könnte sich der Antikenhandel sichtbar von jenem dunklen, dem Image der Schweiz abträglichen Bereich absetzen, der hierzulande spätestens seit dem Kauf des Euphronioskraters nachweisbar ist: Hier finden auch dubiose Kunsttransaktionen statt, wie die in Lugano versuchte der Kapitolinischen Trias,[10] wie jene der «Aphrodite von Morgantina» und anderer Funde aus Sizilien und auch all der Gegenstände aus der Türkei, die über die Schweiz verschoben wurden und den amerikanischen Gerichten seit Jahren zu tun geben.[11]

Wohl ist es möglich, dass die Raubgräberei auch durch die Unidroit-Konvention nicht sofort aufhört. Aber sollte die Schweiz nicht schon aus Selbstachtung vor solchem Tun auf Distanz gehen? Soll für den Schweizer Antikensammler auch in Zukunft gelten: «One man's redemption is another man's grave-robbing»?[12]

[1] D. W. J. Gill and C. Chippindale: Material and intellectual Consequences of Esteem for Cycladic Figures. American Journal of Archaeology 97.4, 1993, S. 601–659; Zitat S. 625.
[2] S. Sorda: La dispersione del patrimonio monetale italiano. Bollettino d'arte, allegato al n. 89–90 (gennaio–aprile) 1995, S. 11–14.
[3] Rivista italiana di numismatica 23, 1975, S. 200.
[4] Berliner Erklärung («Leihgaben und Neuerwerbungen von archäologischen Objekten durch Museen»). NZZ Nr. 205, 3./4. 9. 1988, S. 65.
[5] Unidroit-Konvention vom 24. 6. 1995 über gestohlene oder illegal ausgeführte Kulturgüter.
[6] H. Sichtermann: Kulturgeschichte der klassischen Archäologie. München 1996, S. 155 und 157.
[7] K. Schefold: Die Bedeutung der griechischen Kunst für das Verständnis des Evangeliums. Mainz a. Rh. 1983, S. 98.
[8] C. Isler-Kerényi: Die Etrusker als Gegenbild. Leben und Werk Karl Otfried Müllers. NZZ Nr. 59, 11./12. 3. 1995, S. 69.
[9] M. A. Rizzo: Gli scavi clandestini a Cerveteri (1982–1994). Bollettino d'arte, allegato al n. 89–90 (gennaio–aprile) 1995, S. 15–50.
[10] C. Isler-Kerényi: Ein Wahrzeichen des antiken Rom wiederaufgetaucht. NZZ Nr. 50, 1. 3. 1994, S. 25.
[11] M. Rose and O. Acar: Turkey's War on the Illicit Antiquities Trade. Archaeology 48.2, March–April 1995, S. 44–56.
[12] Siehe oben Anm. 1, S. 636.

Lorenz Homberger

Aussereuropäisches Kulturgut in westlichen Museen

Museen mit Sammlungen von ethnographischem und archäologischem Kulturgut sehen sich immer wieder dem Vorwurf ausgesetzt, ihre Säle mit Raubkunst aus Zeiten der Kolonialherrschaft gefüllt zu haben. Die völkerkundlichen Museen in der Schweiz haben wohl nicht zuletzt dank kritischer Selbstbefragung früher als andere Institutionen versucht, Weichen in zukunftsträchtiger Richtung zu stellen: Die Sicherung der verwalteten Weltkulturgüter verpflichtet und muss die Kulturpolitik dieser Institutionen bestimmen.

Als im Februar 1897 eine britische Strafexpedition aus trivialem Anlass das 500 Jahre alte Königreich Benin im heutigen Nigeria eroberte, den unbeugsamen König in die Verbannung schickte und die gleichnamige Hauptstadt zerstörte, stiessen englische Offiziere auf grossartige Kunstwerke aus Bronze und Elfenbein. In der Folge wurde eine der grössten Kriegsbeuten aller Zeiten nach England verschifft, wo der Schatz von über 2000 Werken auf dem Kunstmarkt angeboten wurde; die Engländer finanzierten die Strafexpedition aus diesen Mitteln, und gar manches verblieb als Erinnerungsstück in britischem Privatbesitz. Felix von Luschan, damaliger Direktor des Berliner Völkerkundemuseums, erkannte die Qualität dieser bis anhin in Europa gänzlich unbekannten Kunst und kaufte eine grosse Zahl der Werke. Seine vielzitierten Sätze, wonach «diese Bronzen technisch auf der höchsten Höhe des Möglichen stehen; selbst Benvenuto Cellini hätte nicht besser giessen können ...», haben ihre Gültigkeit behalten. Erst in den fünfziger und sechziger Jahren gelangte der junge Staat Nigeria – um die Zeit der Entlassung aus englischer Abhängigkeit – durch Ankäufe wieder in den Besitz von wichtigen Bronzen aus der klassischen Benin-Periode und kann heute immerhin die weltweit drittgrösste Sammlung sein eigen nennen.

Das Beispiel Benins soll nicht exemplarisch für die völkerkundlichen Sammlungen stehen. Kriegsbeute bildet in westlichen Museen glücklicherweise die Ausnahme. Dennoch gelangten vielfach Werke von höchster Qualität unter Ausnutzung der historischen Machtverhältnisse aus ehemaligen Kolonialgebieten oder Ländern der sogenannten Dritten Welt in europäischen Museumsbesitz. Die meisten Museen mit völkerkundlichen Sammlungen wurden in der zweiten Hälfte des letzten Jahrhunderts ins Leben gerufen und verdanken ihre Bestände zu grossen Teilen der Aktivität von Handelsreisenden, Missionaren und Abenteurern. Es folgten hauseigene Forschungs- und Sammelexpeditionen, die nicht selten von ehrgeizigen Persönlichkeiten geleitet wurden, deren vordringlichstes Ziel die Jagd nach ethnographischen Trophäen war. Als «Fetische des Aberglaubens» und «Zeugnisse heidnischer Völker» wurden diese in Provinzmuseen in Europa als «frühe Kulturstufe» in völkerkundlichen Sammlungen gezeigt. Ästhetische Fragen standen kaum im Vordergrund. Doch wie die Benin-Bronzen in den wachen Augen eines Felix von Luschan, so sind heute viele dieser Trophäen, die ursprünglich als Kuriositäten in westliche Sammlungen gelangten, unter neuen Gesichtspunkten zu werten: Beeinflusst von Künstlergruppen der klassischen Moderne, vor allem der Fauves, Kubisten und Expressionisten, sowie durch eine parallel laufende, immer rasantere Akkulturation vieler Entwicklungsländer wurden die ethnographischen Museen in den letzten Jahrzehnten vor ein neuartiges Dilemma gestellt: Die als «Fetischfiguren» und «Geistermasken» gesammelten Werke werden nicht (nur) wegen ihrer Funktion im ethnologischen Kontext, sondern vor allem ihres hohen künstlerischen Gehalts wegen bewundert. An die Stelle antiquierter Schauvitrinen des «edlen Wilden» vergangener Zeiten sind heute Darstellungen von Weltkunst oder aber zeitgenössische Ansichten einer immer näher zusammenrückenden Weltengemeinschaft getreten; vielfach werden brisante Themen, etwa wirtschaftliche, politische und demographische Probleme dieser Weltregionen, in Sonderausstellungen thematisiert. Durch Ausstellungen und Öffentlichkeitsarbeit leisten Museen heute wichtige Informations- und Aufklärungsarbeit.

Die Vermittlung von aussereuropäischer Kunst wird so vermehrt durch klassische Kunstmuseen gepflegt: Im Spätherbst 1995 feierte die Royal Academy of Art in London das traditionelle Kunstschaffen des Schwarzen Kontinents als Höhepunkt eines Afrika-Festivals, welches sich in vielfältiger Weise in Englands Hauptstadt manifestierte. Noch nie hat eine Ausstellung zur Kunst aus Afrika diese Dimensionen erreicht, noch nie wurden derart viele hochkarätige Kunstwerke aus Sammlungen aller Welt unter einem Dach vereinigt. Und noch nie schliesslich hat die Kunstkritik derart gespalten reagiert: Von einer «Schau der Superlative» («FAZ»), von «grossartiger Darstellung von Weltkunst» («New York Times») war die Rede, aber auch von einer «Demonstration kolonialer Denkart» (NZZ) bis hin zur (rassistisch) ethnozentrisch geprägten Äusserung von Simon Jenkins, dem früheren Herausgeber der «Times», nach dem Volkskunst (wörtlich «domestic objects, ... a mass of diverting junk») nun dort gezeigt werde, wo einst Tizian und Rembrandt zelebriert wurden ... Im New Yorker Guggenheim Museum wurde diese Ausstellung ein weiteres Mal präsentiert; auch dieses Haus debütierte mit «primitive art», und auch dort sind die Kritiker heftig gegen diesen Versuch, afrikanische Vergangenheit losgelöst von rituellem Kontext zu visualisieren, Sturm gelaufen. Dennoch bleibt die Tendenz, das Kunstschaffen der Dritten Welt unter kunstwissenschaftlichen Gesichtspunkten zu beleuchten und als eigenständige Kunstform zu thematisieren, aktuell und wichtig. Dem Willen des französischen Staatspräsidenten gemäss hat der Louvre 1997 seine Pforten der Weltkunst aus Afrika und Ozeanien (unter dem schon wieder umstrittenen Begriff «arts premiers») geöffnet.

Seltener, als man allgemein annehmen möchte, wurden ethnographische Museen mit Restitutionsforderungen konfrontiert. In der Schweiz sind seit zwanzig Jahren nur gerade zwei Rückführungen von menschlichen Relikten bekannt, die zudem noch auf Anregung hiesiger Museen in die Wege geleitet wurden. Auf Grund einer neuen Gesetzgebung über Rechte ethnischer Minderheiten sehen sich die Museen in den USA vermehrt vor diesen Fragenkomplex gestellt. Vor zwei Jahren gaben das Metropolitan Museum of Art und das Brooklyn Museum in New York verschiedene indianische Kultobjekte aus ihren Sammlungen an Delegationen von Zuñichiefs zurück. In den Augen von Museumsfachleuten handelte es sich um bedeutende Holzschnitzwerke des frühen 19. Jahrhunderts, die nun nicht mehr als Zeugen indianischen Kunstschaffens im Museum unter konservatorischem Schutz für kommende Generationen aufbewahrt, sondern im rituellen Kontext in absehbarer Zeit verwittern werden. Dennoch wirbelte dieser Fall nicht viel Staub auf. Das Verständnis für begangenes Unrecht gegenüber indigenen Völkern im eigenen Land scheint in den Vereinigten Staaten zu wachsen. Das Sammeln durch Museen ist auch heute ein durchaus berechtigtes und sinnvolles Anliegen. Die Internationale Museumskommission (ICOM) hat dazu jedoch Richtlinien (code of ethics) aufgestellt, an welche sich die Verantwortlichen zu halten haben. Seit langem ist es Usanz, bei zweifelhaften Angeboten Rückfragen, beispielsweise bei den verantwortlichen Stellen der betreffenden Herkunftsländer, einzuholen. Diese Absicherung – im Zeitalter der Fax- und Internet-Kommunikation eine Frage von Stunden oder Tagen – wird wohl für alle Institutionen über kurz oder lang bindend werden. Die Erfahrungen zeigen, dass die Kulturdepartemente vielerorts ein vitales Interesse an einer derartigen Zusammenarbeit haben.

Schon vor der Unabhängigkeit vieler kolonial verwalteter Staaten in den sechziger Jahren hat die Völkerkunde in Europa und den USA über die Fortsetzung ihrer wissenschaftlichen Leistung reflektiert. Das ethnozentrische Leitbild zerbröckelte früher als in anderen Bereichen der Museologie: Diese Entwicklung hat viele Museen beeinflusst und zu neuen Richtlinien in ihrer Sammlungs- und Ausstellungspolitik geführt. Vergleichen wir die heutigen Anschaffungsrichtlinien des Metropolitan Museum of Art mit jenen, die bis etwa vor zwanzig Jahren üblich waren, so lässt sich unschwer feststellen, dass, epochenspezifisch, die ethisch einwandfreie Haltung – «political correctness» – an die Stelle einer heute kaum mehr vorstellbaren Raffgier getreten ist. Auch die zwölf Schweizer Museen mit aussereuropäischem Kulturgut, die in der Ethnologischen Gesellschaft zusammengeschlossen sind, haben seit Jahren ethische Richtlinien berücksichtigt. Bereits 1979 ist ein Inventar von ethnographischen Sammlungen in der Schweiz in zwei Bänden erschienen, und 1997 wurde ein umfassender Inventarband historischer Photographien völkerkundlichen Inhalts veröffentlicht. Somit sind diese Sammlungen erschlossen und können von Wissenschaftern weltweit konsultiert werden. Ebenfalls grosses Gewicht wird seit vielen Jahren auf die projektbezogene Zusammenarbeit mit Herkunftsländern gelegt; als jüngste Beispiele können Gemeinschaftsprojekte in Katmandu, Abidjan, Nouméa, Kalkutta, Simla, Bamako, Dakar und andere mehr erwähnt werden.

Ebenso wird verstärkt versucht, die Kulturgüter in Zusammenarbeit mit den Museen der Herkunftsländer zu dokumentieren. Diese wichtige Beurkundung von Museumsbesitz ist mit ein Grund, weshalb in ethnologischen Museen Wiederveräusserungen von inventarisierten Beständen, das sogenannte «deaccessioning», verpönt sind. Der eigentliche Wert einer wissenschaftlichen Sammlung liegt ja gerade in der Verfügbarkeit des Originals mitsamt seinen Daten, auf die unter anderem auch im Falle von Diebstahl oder Zerstörung zurückgegriffen werden kann.

Wichtig sind schliesslich Projekte gemeinsamer Ausstellungen, sowohl im Herkunftsland als auch in Europa. So wurde im Sommer 1997 eine grosse Vanuatu-Ausstellung im Museum der Kulturen in Basel eröffnet, die zuvor schon im pazifischen Port Villa gezeigt worden war. Die über 100jährige traditionsreiche Basler Institution bleibt damit ihrer Kantonsregierung (die sich neben Bern und Genf als einzige in der Schweiz gegen die Unidroit-Konvention aussprach) Vorbild in Sachen Kulturgüterpolitik.

Neue Gefahren in Zeiten notorischer Finanzknappheit stehen an: Die öffentliche Hand ist mit ihren Beiträgen zurückhaltender und fordert vermehrten Einsatz der Museen bei der Finanzierung ihrer Vorhaben mittels Sponsoren, die sich aber häufig nur für spektakuläre Vorhaben gewinnen lassen. So muss den Museumsverantwortlichen in diesen

Zeiten bewusst werden, dass Kulturvermittlung und Kulturgüterschutz als essentielle Forderungen an die politischen Instanzen gerichtet werden müssen.

Im Zusammenhang mit der wichtigen und weltweit zu koordinierenden Aufgabe, Kulturgut zu schützen, wird immer wieder die Frage gestellt, inwieweit Verbote und Einschränkungen des freien Marktes – beispielsweise bei Objekten, die aus Raubgrabungen stammen – von Nutzen sind.

In den vergangenen Jahren haben verschiedene Ausstellungen in der Schweiz gezeigt, welche endemischen Ausmasse illegale Grabungen angenommen haben. So ist beispielsweise im Katalog zur China-Ausstellung im Kunsthaus Zürich von 1996 zu lesen: «... 1979 stiess ein Bauer bei Erdarbeiten auf ein Ziegelgrab der Östlichen Han-Zeit ... Als die Vertreter der lokalen Kulturbehörde zur Bestandesaufnahme vor Ort eintrafen, war das Grab bereits geplündert, und nur die Relief-Ziegel waren übriggeblieben ...»

Die Grabräuber der Sicán-Tempelanlagen (8.–14. Jh.) in Nordperu, von deren Kultur ein einmaliges, integral erhaltenes Fürstengrab 1997 im Museum Rietberg Zürich ausgestellt war, haben die meisten ornamental geschmiedeten Goldbleche, die zu Tausenden an Zeremonialgewändern angenäht waren, aus verkaufstaktischen Gründen noch in den letzten Jahren eingeschmolzen.

An der Tefaf-Kunstmesse in Basel wurden figürliche Terrakotten der über 2000 Jahre alten Nok-Kultur Nigerias von einem Kunsthändler mit der Begründung angeboten, dass er diese herrlichen Skulpturen zwar illegal – Nigeria regelt seit 1947 die Ausfuhr von Kulturgut in einem äusserst strengen Gesetz – gekauft habe. Er rechtfertigte dies jedoch damit, dass diese Werke bereits über mehrere Jahre immer wieder in Verkaufskatalogen publiziert und veräussert wurden, ohne dass die betroffenen Regierungsstellen in irgendeiner Weise diese Praktiken unterbunden hätten. Dass solches Geschäftsgebaren mittelfristig kontraproduktiv ist, liegt auf der Hand. Aus diesen Gründen scheint der Ruf nach mehr Transparenz im Kunsthandel ein berechtigtes Anliegen von

Museen und Sammlern: Nur einwandfreie Provenienz der archäologischen und ethnographischen Werke bietet optimalen Schutz vor unlauterem Gebaren, und die daraus resultierende Sicherheit dürfte auch auf dem Handelsplatz Schweiz positive Signale auslösen.

In vielen Drittweltländern ist archäologisches Kulturgut nicht in wünschenswertem Umfang geschützt. Einheimische Raubgräber – deren Tätigkeit oft Lebensgrundlage ganzer Regionen bildet – sowie eine in grossem Stil agierende Kunst-Mafia lassen Rettungsmassnahmen von nationalen und internationalen Organisationen ins Leere laufen. So orten Kunsträuber in Mali heutzutage Grabstätten mit Hilfe von Satellitenbildern, deren Nutzung staatlichen archäologischen Forschungsteams aus Kostengründen nicht möglich ist; wenige hundert Kilometer von der Schweizer Grenze entfernt, aber auch in peripheren Regionen unserer Erde suchen organisierte Horden mit Metalldetektoren nach Grabschätzen. Ihre Tätigkeit tangiert weltweit die archäologische Forschung in gravierender Art. Museen und Sammler als letzte Glieder in der Reihe der Kunsttransaktionen können heute aus einer kaum vorstellbaren Fülle von Grabungsfunden auswählen, die weder wissenschaftlich erfasst noch in irgendeiner Institution des Herkunftslandes dokumentiert sind. Vermehrte Kontrollen der Enddestination bieten bereits erkennbar Schutz vor verlockenden Graumarktangeboten. Die einsetzende Sensibilisierung zeigte sich im Verzicht der Royal Academy of Art auf archäologische Fundstücke aus Mali und Nigeria in der erwähnten Ausstellung.

Bilaterale Abkommen, wie sie beispielsweise zwischen Mali und den Vereinigten Staaten vor einigen Jahren geschaffen wurden, haben dort den Markt in kurzer Zeit von illegalem Grabungsgut gesäubert, den übrigen Handel mit Kunstwerken dieser Region aber in keiner Weise eingeschränkt. Informanten berichten heute, wie frappant die Preise für «heisse Ware» in den letzten Monaten und Jahren gesunken seien.

Raubgrabungen und Kunstdiebstahl zerstören über kurz oder lang das kulturelle Erbe dieses Planeten. Die jüngste Aufarbeitung der Vergangenheit hat deutlich gemacht, in welchem Masse ethische und moralische Aspekte den Handel mit Kulturgütern in Zukunft mitbestimmen werden. Dass die gesetzlichen Regelungen sowie die begleitenden Ein- und Ausfuhrbestimmungen die Schweiz zur erprobten rechtlich sichersten Drehscheibe des internationalen Kunst- und Antiquitätenhandels machen, wird von Insidern bestätigt.

Es ist daher an der Zeit, internationale Normen zum Schutz und Erhalt von Kulturgut aufzustellen, um den illegalen Teil dieses Geschäfts mit Weltkulturgut in Schranken zu weisen.

Georges Waser

Gewinner sind die Dunkelmänner: Der Antikenschmuggel heute

Als im Juli 1994 bei Christie's in London ein Relief aus dem Palast des assyrischen Königs Assurnasirpal ausgerufen wurde, endete ein Thriller der Auktionsgeschichte. Das Relief kam aus einer Schule in Südwestengland, wo man es per Zufall entdeckt und für ein unbedeutendes Souvenir aus dem 19. Jahrhundert gehalten hatte. Von Christie's richtig identifiziert und katalogisiert, wurde das Relief zu einem Schätzpreis von 750 000 Pfund angeboten – mit den 7,7 Millionen Pfund, die es schliesslich löste, sollte es zum teuersten je versteigerten antiken Kunstwerk werden. Hellhörig reagierten nicht nur Sammler, sondern auch die Drahtzieher des schwarzen Markts – denn, so sagten sich wohl diese: erzielten legal gehandelte Antiken derartige Preise, müsste man einer steigenden Nachfrage entsprechen können. Raubgrabungen, die Plünderung von Museen und der Schmuggel, oft aus von Unruhen und Krieg zerrissenen Ländern, sind die Quellen solcher Drahtzieher. Mit Albanien ist der Katalog der Länder, deren kulturelles Erbe im Sog von politischen Wirren und von Krieg zur Freibeute wurde, um ein aktuelles Kapitel erweitert worden. Als 1994 Präsident Sali Berisha zum Staatsbesuch in Grossbritannien weilte, wurden seine Gastgeber von ihm mit seltenen Geschenken überschüttet. Doch wie waren diese – darunter osmanische Kunstgegenstände für Königin Elizabeth, John Major und Douglas Hogg – in Berishas Besitz gekommen? Diese Frage stellten sich bald einmal Funktionäre im britischen Foreign Office, kam doch kurz nach dem Besucher aus Albanien die Kunde von der fortgesetzten Plünderung dortiger Museen – Museen zum Beispiel in Pojani und Butrinti, im Süden des Landes, die heute sozusagen leerstehen sollen.

Seit Albanien vor sieben Jahren den Kommunismus abschüttelte und auf die ersten demokratischen Wahlen zu rüsten begann, sind dem Land unzählige Kostbarkeiten, insbesondere Ikonen sowie römische Antiken, verlorengegangen. Wie es ein früherer Direktor des bedeutendsten archäologischen Museums darstellt, sind Millionen für einen schlagkräftigen Polizeiapparat ausgelegt worden – und nichts zum Schutz des kulturellen Erbes. Folglich findet dieses kulturelle Erbe den Weg auf den schwarzen Markt und – sogar wiederholt schon in den Koffern von 1991–92 nach Albanien gekommenen Diplomaten, die sich den allgemeinen Opportunismus zunutze machten – ins Ausland und dort in japanische und amerikanische Sammlungen. Sowohl in Griechenland als auch in München sind illegal aus Albanien gekommene Antiken sichergestellt worden. Vom Ausmass des Handels mit geplünderter Kunst zeugt eine in Albanien unter Eingeweihten zirkulierende Geschichte: eine Bande, die mit gefälschten Ikonen handelte, soll ihre «Arbeit» eingestellt haben, weil echte Artikel im Überfluss verfügbar waren.

In Afghanistan haben fortgesetzte Kämpfe und systematische Plünderungen fast gleichermassen zur Verwüstung archäologischer Fundorte und Sammlungen beigetragen. Die meisten der geraubten Kostbarkeiten werden über die Grenze nach Pakistan geschmuggelt, wo sie in den Basaren von Peschawar, Islamabad oder Karachi durch Vermittler verkauft werden – meist finden sie darauf den Weg nach Europa, Amerika und Japan. Unfreiwilliger Lieferant von Prunkstücken ist insbesondere das Kabul-Museum, hatte doch die Nachricht von dessen Zustand weltweit Gehör und damit bald auch das Interesse von Beutejägern gefunden. Laut einem in Kabul stationierten Uno-Sprecher gingen Plünderer im Museum «auf Bestellung» vor – nach den Wünschen von skrupellosen Händlern und Sammlern also. Und seit die am leichtesten transportierbaren und besonders wertvollen Objekte, beispielsweise Münzen und Kunstgegenstände aus Elfenbein, verschwunden seien, hätten sich die Plünderer zusehends mehr erfrecht.

Einst gehörte das Museum von Kabul zu den bedeutendsten Asiens. Doch seit 1993 hat es wiederholt im Geschützfeuer der sich bekriegenden Faktionen gestanden – und eben, zerschossene Mauern und gesprengte Stahltüren erleichterten das Plündern. Zwar liess die jeweils siegreiche Faktion das Museum bewachen, doch bei jedem Machtwechsel nahmen fliehende Wächter und Soldaten mit sich, was sie immer konnten. Inzwischen sind die Reste der Sammlung ins zentraler gelegene, seit einigen Jahren leerstehende Kabul-Hotel, das zu diesem Zweck befestigt wurde, transferiert worden. Reste in der Tat: von den im 1974 erstellten Katalog aufgeführten 70 Prunkstücken sollen mindestens 56 verschwunden sein, ja von insgesamt 750 ausgestellten Objekten ungefähr 90 Prozent fehlen – und verschwunden ist weiter auch die Hälfte der Depotbestände. Wenn die Beute schliesslich den Markt und die Kenner erreicht, sind die Preise hoch: so wurden neulich in Islamabad vier Medaillons aus dem Kabul-Museum, ursprünglich aus dem Gebiet von Begram stammend und nahezu zweitausend Jahre alt, für 150 000 Dollar angeboten.

Wohl bemühen sich bereits mehrere Organisationen, nicht nur in Kabul, sondern auch in Pakistan und Amerika, um die Bewahrung von Afghanistans kulturellem Erbe, doch wenn dort endlich der Friede einkehrt, wird dem Land vieles von diesem Erbe auf immer verlorengegangen sein. Wie wild in Afghanistan geplündert wird, bezeugen auch Berichte aus kleineren Städten wie Balkh und Ghasni. Am letzteren Ort ist fast die gesamte Münzensammlung (unter 35 000 Stücken griechische Münzen von seltenem Format) aus dem Museum verschwunden; und in Balkh haben Raubgräber der vor dem 13. Jahrhundert erbauten Zitadelle erhebliche Schäden zugefügt. Aus Balkh übrigens kommt auch das Gerücht, Beutejäger hätten eine Entdeckung gemacht, die den französischen Archäologen – diese suchten dort seit 1920 nach der einstigen griechischen Stadt – entgangen war.

Näher bei Europa – und den europäischen Marktplätzen –, erregte eben erst ein Prozess in Kairo Aufsehen: Mitte Februar 1997 wurden dort drei Briten und neun Ägypter, unter diesen fünf höhere Beamte, des Antikenschmuggels für schuldig befunden und verurteilt. Mehr noch als das Ausmass dieses Schmuggels – mit Grossbritannien, der Schweiz und Amerika als Endstationen – liess der Hinweis auf ägyptische Lagerorte für Antiken aufhorchen: 114 an der Zahl, oft ohne Inventar oder Sicherheitsmassnahmen. Als Beispiel par excellence wurde der Fall des Ägyptischen Museums in Kairo erwähnt, wo im September 1996 dem Schatz des Tutanchamun ein Diebstahlversuch galt – nicht nur fehlte im Museum an unzähligen Schaukästen eine Alarmvorrichtung, es fehlten nachts sogar die Wächter. Doch wie in Ägypten schon mehr als ein Direktor der Altertumsbehörde feststellen musste: es fehlt im Land zum Schutz des kulturellen Erbes halt auch das Geld. Das Geld, das zum Beispiel bei Luxor neuen Wohnraum für die Bevölkerung des Dorfes Gurna schaffen und damit der fortgesetzten Plünderung der pharaonischen Nekropole durch Einheimische ein Ende setzen soll – dass es noch lange nicht soweit ist, davon überzeugte sich der Schreibende, und zwar von den Mauern der Ruinenstätte Medinet Habu mit einem auf Gurna gerichteten Feldstecher, Anfang 1997 selbst.

Aufsehen im Zusammenhang mit ägyptischen Altertümern erregte jüngst auch ein Bericht aus Jerusalem. Dass General Moshe Dayan ein Liebhaber von Antiken war und sich solche recht eigenmächtig anzueignen wusste, sei es nun direkt aus Fundorten, sei es von einem eingeschüchterten arabischen Händler in Bethlehem, war bekannt. Erstmals aber sind von einem israelischen Journalisten Photos von einer Plünderung, die Dayan – und zwar kurz nach der Eroberung der Sinai-Halbinsel – anordnete, entdeckt und veröffentlicht worden. Schon nach dem Suez-Konflikt hatte Dayan mit seiner Familie das Gebirge im Süden von Sinai besucht – und hatte dort neben einem der Göttin Hathor geweihten Heiligtum einige mit Hieroglyphen bedeckte Steinsäulen bewundert. Drei dieser Steinsäulen sollten sich nach der Besetzung der Halbinsel durch die Israeli im Hof von Dayans Haus in Israel finden. Und wie sie dorthin fanden – von einem Helikopter der israelischen Armee transportiert –, belegen jetzt eben die besagten Photos. «Man sagte uns, die Mission sei von nationaler Bedeutung», erinnert sich der Pilot Uri Yarom. Als Israel die Halbinsel an Ägypten zurückgab, soll Dayan das Zurückgeben der Säulen besonders schwergefallen sein. Eine davon weist heute einen Riss auf. Der Riss ist der Raubkunst stumme Klage –

nach ihrer Entführung in Tel Aviv angekommen, war die Säule von ahnungslosen Handlangern Dayans unsorgfältig angefasst und fallen gelassen worden.

Zu den Nachwehen des Golfkriegs gehört der Antikenschmuggel im Irak. Sowohl die Not der Bevölkerung als auch eine ungenügende Altertumsbehörde sind ein Grund für diesen Schmuggel: es fehlt zum Schutz der rund 1000 archäologisch bedeutenden – und weit zahlreicheren kleineren – Fundorte an einer straff organisierten Altertumspolizei ebenso wie an einem einigermassen vollständigen und bebilderten Verzeichnis. Versuche einzelner Organisationen – zum Beispiel des Magazins «Trace» –, dem Schmuggel von Altertümern aus dem Irak durch das Beschaffen und Zirkulieren von Photos Einhalt zu gebieten, werden durch Sanktionen der Uno erschwert. Und erleichtert wird dieser Schmuggel, indem auch an den Landesgrenzen eine straffe polizeiliche Kontrolle fehlt. Für das Überqueren dieser Grenzen nach Syrien und Jordanien muss einer nicht einmal ein Auto haben. Es genügt ein Esel. Mit Satteltaschen, wohlverstanden – für die Antiken.

Die Zahl der dem Irak während des Golfkriegs abhanden gekommenen Altertümer wird auf 4000 geschätzt, doch das Ausmass der späteren Plünderungen lässt sich schwer bestimmen. Diese sind eine Begleiterscheinung der Unruhen im Landesinnern. So kamen bei Kämpfen zwischen der irakischen Armee und den Kurden im Norden die Museen von Kirkuk und Dohuk zu Schaden; seither fehlen dort über 1000 Objekte aus den Sammlungen. Auch im Süden erlitten anlässlich des Aufstands der Schiiten gegen Saddam Hussein verschiedene Museen Verluste. Dass im Volk solche, die nicht genug zu essen haben, Museen als ein Symbol eines unterdrückerischen Regimes sehen und bei Gelegenheit zum Plündern aufgelegt sind, lässt sich verstehen. Doch wohin findet die über Zwischenstationen abwandernde Raubkunst aus dem Irak? Vieles davon nach London – und zwar, wie dort ein Sprecher von Scotland Yard aussagt, via Jordanien. Ein Beispiel: in Umma im südlichen Irak war es zu einem Zusammenstoss zwischen der Polizei und bewaffneten Beutejägern gekommen; und was aus diesem sumerischen

Fundort verschwunden war, traf schliesslich im Londoner Flughafen Heathrow als Sendung aus Jordanien ein.

Wenn eine irakische Behörde behauptet, sogenannte Experten in Grossbritannien verdienten sich mit dem Beglaubigen von gestohlenen Antiken ihren Lebensunterhalt, kommt sie der Wahrheit wohl recht nahe. So stösst die Londoner Polizei bei Händlern, aber auch in der an Samstagen sich jeweils in einen Strassenmarkt verwandelnden Portobello Road regelmässig auf Objekte von zweifelhafter Herkunft. Doch wie lässt sich das Gegenteil beweisen, wenn ein Verkäufer behauptet, das von ihm angebotene Stück sei vor einem Jahrhundert aus dem Mittleren Osten gekommen – und wenn, wie insbesondere an Ständen auf offener Strasse, dieses Stück sozusagen im Handumdrehen verschwindet? Laut Polizei werden Kunstgegenstände der Sumerer, Antiken aus Babylonien und Assyrien sowie auch hellenische Schätze oft in kleinere, weniger leicht identifizierbare – und daher besser verkäufliche – Stücke zerschlagen.

Wie umsichtig die Mittelsmänner des illegalen Antikenhandels ans Werk gehen, veranschaulichte im Februar 1997 ein Prozess am Londoner Southwark Crown Court. Angeklagt, und zwar des Handels mit Raubkunst aus Ägypten, war Jonathan Tokeley-Parry, ein 45jähriger «art restorer». Türen von Gräbern, darunter dasjenige von König Pepi II., und eine bronzene Figur des Gottes Horus gehörten laut Anklage zum Repertoire von Tokeley-Parry. Und die Methoden von Männern seines Schlages? Nun, die besagten geschmuggelten Objekte waren mit einem Kunststoffüberzug «restauriert» und danach grell, wie Souvenirs in einem Basar für Touristen, mit Goldbronze übermalt worden. Mit Rücksicht auf die Gesundheit des umsichtigen Tokeley-Parry musste der Prozess abgebrochen werden – einige Monate später endete ein neues Verfahren jedoch mit einem Schuldspruch für den Angeklagten.

Soll Raubkunst ernsthaften Institutionen oder Sammlern angeboten werden, sind auch Papiere vonnöten. Wie virtuos jedoch diesbezüglich wiederum die Mittelsmänner vorzugehen wissen, bezeugte vor wenigen Jahren das Seilziehen um den Seuso-Silberschatz. Als Verkäufer trat ein englischer Lord auf, der angab, den Schatz – 14 Silberteller und -gefässe aus spätrömischer Zeit, schwerer als die Schätze von Mildenhall und Kaiseraugst zusammen – in den achtziger Jahren grossenteils in der Schweiz, und zwar aus libanesischem Besitz, gekauft zu haben. Diesen Schatz, dessen Wert auf 100 bis 250 Millionen Franken geschätzt wurde, wollte das Auktionshaus Sotheby's im Herbst 1990 in Zürich versteigern. Aber eben, da war die Sache mit den gefälschten Exportlizenzen.

Mit solchen gefälschten Lizenzen nämlich hatte Lord Northampton den Schatz zuvor dem amerikanischen Getty Museum zu verkaufen gesucht. Und zwar gleich zweimal. So hatte das Getty festgestellt, dass die ursprünglichen Papiere nicht in Ordnung waren – worauf der Lord und seine Kontaktleute dem Museum neue Papiere, die Ausfuhr des Silbers aus Libanon im März 1985 bestätigend, vorlegten. Dies, obschon – wie nunmehr allen Beteiligten klar war – der Schatz bereits 1981 in der Bank Rothschild in Zürich gelegen hatte. Kein Wunder, erstatteten schliesslich, als Sotheby's für die bevorstehende Auktion die Werbetrommel rührte und den Schatz in New York ausstellte, gleich die Regierungen dreier Länder Anzeige: sowohl Libanon als auch das damalige Jugoslawien und Ungarn behaupteten, die Teller und Gefässe seien innerhalb ihrer Grenzen illegal ausgegraben und ins Ausland geschmuggelt worden. Nach dem New Yorker Prozess von 1993 verblieb der Seuso-Silberschatz in Lord Northamptons Händen. Was heisst: die Gewinner im Fall Seuso sind vorläufig die Dunkelmänner – unter ihnen einer in Beirut, der für den zweiten Satz von gefälschten Exportlizenzen um die 700 000 Dollar erhalten haben soll.

Was den Silberschatz anbetrifft, gelang es Sotheby's, sich schon vor dem Prozess von der ganzen Affäre zu distanzieren. Jetzt aber, mit den Enthüllungen des englischen Journalisten Peter Watson in seinem Anfang 1997 veröffentlichten Buch «Sotheby's: Inside Story», steht dieses Auktionshaus erneut am Pranger. Und nicht nur in den Schmuggel von Altmeistergemälden ist das Haus verwickelt: auch, wie Watson beweist, in den illegalen Handel mit Antiken. Von insgesamt 339 Vasen aus Apulien zum Beispiel, die Sotheby's in London zwischen 1985 und 1995 für gesamthaft 1,5 Millionen Pfund versteigerte, hatten nur gerade 91 eine stichfest belegte Herkunft – der Rest muss laut Watson Schmuggelware sein. Solche Ware fand den Weg nach London über den Genfer Händler Christian Boursaud, zuerst unter dessen eigenem Namen und seit 1987 unter dem Firmennamen Editions Services. Boursauds Quelle in Italien? Diese war ein gewisser Giacomo Medici – derselbe Medici, der in Rom auf ein Urteil wartet, seit in Genf seine vier Warenlager gefunden wurden. Warenlager mit rund 10 000 Antiken, teilweise aus der Römer- und der Etruskerzeit: Medici war eine Art «Godfather» der italienischen «tombaroli», von Grabräubern wie dem notorischen Luigi Perticerari aus Tarquinia. Das von Peter Watson mit seinem Buch ausgeworfene Netz ist ein weites. Es spannt sich bis nach Indien: zurück nach Indien nämlich verfolgte Watson den Weg einiger von Sotheby's im Oktober 1996 in London angebotener Antiken. Interessant sind übrigens die Parallelen. Erstens sind die Gesetze in Indien ähnlich restriktiv wie diejenigen in Italien – zum Beispiel dürfen Kunstgegenstände, die über hundert Jahre alt sind, Indien (ausser für temporäre Ausstellungen) nicht verlassen. Die zweite Parallele scheint eine logische Folge: auch im Fall von aus Indien geschmuggelten Antiken stiess Watson auf Papiere, in denen Genf als Zwischenstation erscheint. Zwei Firmen, die Sotheby's in London belieferten, teilten sogar dieselbe Genfer Adresse: die Namen auf dem Briefkopf sind Megavena und Cape Lion Logging.

Wie aber entgeht die Schmuggelware beim Verlassen Indiens den Zollbeamten? Watson, der im Auftrag des vierten englischen Fernsehkanals in Indien recherchiert hatte, arbeitete dort mit versteckten Kameras. Und im dabei entstandenen, in England inzwischen gezeigten Film gibt auf die Frage ein unsauberer Händler namens Essa Sham die Antwort: «in the diplomatic bag» – im Diplomatengepäck. Auf der Spur der Antiken im Sotheby's-Katalog vom 17. Oktober 1996 stiess Watson, wieder zurück in London, schliesslich noch auf einen Sebastiano Barbagallo, einen Händler mit einer Galerie in der Nähe von Notting Hill Gate und einem Warenlager in Südostlondon – einem mit indischen Antiken, darunter auch von Sham gelieferten, vollgestopften Lager. Übrigens ist da auch noch die Aussage des Gelehrten Dilip Chakrabarti aus Cambridge: Votivtafeln wie einige im Sotheby's-Katalog mit der Zuschreibung «probably Chandraketugargh, 2nd/1st century B. C.» versehene Lose könnten nur geschmuggelt sein – diesen Fundort bei Kalkutta habe man nämlich erst vor etwa vierzig Jahren entdeckt, in anderen Worten: als in Indien das Antikengesetz bereits in Kraft war.

Gewiss: beim Durchblättern der Kataloge grosser Auktionshäuser, ja beim Besuch von Kunst- und Antikenmessen hat sich schon manch einer gewundert, woher die unzähligen römischen Töpferwaren, ägyptischen Statuen, Ikonen und anderen Kunstgegenstände kommen. Aber wird, wenn jetzt Sotheby's den eigenen Angestellten die Daumenschrauben anzieht, der Strom solcher Kostbarkeiten wie durch ein Wunder abbrechen? Werden die Grabräuber von Gurna und Tarquinia ihr Metier aufgeben, werden chinesische Strassenarbeiter von ihnen zutage gefördertes Blau-Weiss-Porzellan aus der Ming-Zeit fortan der Polizei aushändigen, und werden Händler mit pompösen Namen wie Barbagallo oder van Rijn an Flughäfen die Zöllner nicht mehr bluffen? Welche Anstrengungen von auf ihren Ruf bedachten Institutionen auch immer unternommen werden: die triste Tatsache ist, dass solche Anstrengungen die Dunkelmänner des Kunst- und Antikenmarkts nicht lahmzulegen vermögen. Zum Auktionsgeschäft sei angefügt, dass dieses – mit jedermann verfügbaren Katalogen – als offenes System unwiderlegbar seine guten Seiten hat. Wie dem auch sei: mit Watsons im Verlagshaus Bloomsbury erschienenem Buch steht dem mit fadenscheinigen «Zertifikaten» operierenden Schmuggel und Verkauf von Antiken ein Hindernis im Weg – ein Hindernis, das Käufer und Sammler zu grösserer Wachsamkeit anregen sollte.

Der Kunstraub der Nationalsozialisten und seine Folgen

Matthias Frehner

«Das wird toll und immer toller» – Der grösste Kunstraub der Geschichte

Wie in keiner früheren Epoche sind im 20. Jahrhundert positive und negative Intentionen dank dem technischen Fortschritt realisierbar. Nie zuvor war Machtmissbrauch so verheerend, weil effizient, wie unter den faschistischen und kommunistischen Regimen. Den grössten Kunstraub aller Zeiten veranstalteten die Nationalsozialisten, die den Juden ihr Existenzrecht absprachen und die slawischen Völker als minderwertig klassifizierten. Erst wenig erforscht ist die Rolle der Schweiz im Zweiten Weltkrieg als Schutzort, Umschlag- und Lagerplatz von «entarteter» Kunst aus deutschen Museen und enteignetem und zusammengestohlenem Kulturgut aus ganz Europa.

Am 20. Februar 1944 startete die NZZ eine Serie zum Thema «Betrügerischer Kunsthandel», in der Marcel Fischer auf Probleme im Schweizer Kunsthandel verwies: «In Kriegszeiten ändert sich der Kunstmarkt vollständig. (...) So hat sich in der Schweiz (...) ein betrügerischer Kunsthandel von geradezu unheilvollem Ausmass entwickelt. Er macht seine trüben Geschäfte vorwiegend mit der grossen Menge von schlechten bis erstklassigen Kunstwerken, die seit 1933 und dann beim Zusammenbruch von Nachbarstaaten in die Schweiz gebracht worden sind.» Dass es sich dabei oft um Raubkunst handelte, erfuhr der Leser allerdings nicht. Klartext sprach erst der renommierte Kunsthändler Fritz Nathan, der 1936 von München nach St. Gallen übersiedelt war (NZZ 4.3.1944): «Man weiss zum Beispiel, dass mancherorts die Besitzer wertvoller Kunstwerke entweder ihres Besitzes enteignet oder durch Druck zu dessen Preisgabe gezwungen wurden. (...) Wie können wir aber unterscheiden, was ehrlicher Besitz ist oder was nach unserem Dafürhalten mindestens als fragwürdige Herkunft anzusehen ist?» –

Nathan meinte Deutschland, ohne den Namen zu nennen. Seine Mahnung erschien früh, wenn man bedenkt, dass sich für die Schweiz die Kriegsbedrohung durch den deutschen Rückzug 1944 wieder vergrösserte – spät jedoch angesichts der ersten amerikanischen Zeitungsberichte (1942) und der am 26. September 1943 vom «K. W. Sender 2 Atlantik» ausgestrahlten Beschuldigung, der Luzerner Kunsthändler Theodor Fischer vertreibe in Zusammenarbeit mit Hans Wendland von Nazis gestohlene Kunst.

Expertenberichte der Alliierten bewiesen 1945 den grössten Kunstraub aller Zeiten und zeigten auf, wie angesehene Schweizer Händler und Sammler der einmaligen Gelegenheit nicht widerstehen konnten, zum Teil zu Hehlerpreisen Meisterwerke der klassischen Moderne zu erwerben. Das Bundesgericht verfügte die Rückgabe von 76 vorwiegend impressionistischen Gemälden an die früheren Besitzer. – Bezeichnend für den Umgang totalitärer Machthaber mit dem eigenen Museumsgut ist eine Begebenheit nach dem «Sieg» über Österreich: Julius Streicher, Gauleiter von Franken, schickte 1938 seinen Stellvertreter König in das Germanische Nationalmuseum Nürnberg, um für Hitler ein Geschenk auszusuchen. König schritt durch die Säle wie durch ein Warenhaus und wählte einen italienischen Renaissance-Prunkdegen. Die zaghaften Einwände des Museumsdirektors Kohlhaussen quittierte er mit dem Befehl: «Diesen in der Vitrine will ich, keinen andern. Den schicken Sie morgen an den Führer, sonst sind Sie entlassen. Heil Hitler!»

Kunst zur Selbstapotheose: Die grössten Kunstsammler und -räuber des Dritten Reichs waren Adolf Hitler und Hermann Göring, ihr Neididol hiess Napoleon, dem der bis 1940 grösste Kunstraub anzulasten ist. Napoleon hatte aus den von ihm besetzten Gebieten durch ein Heer von Kunstkommissaren, deren berüchtigtster Vivant Denon war, die jeweils berühmtesten Kunstwerke nach Paris bringen lassen: den Genter Altar, die Bronzepferde von San Marco, die Laokoon-Gruppe des Vatikans ... Mit der Qualität und Menge der beschlagnahmten Kunst verfolgte Napoleon das Ziel, aus Paris die Metropole Europas zu machen. Während frühere Eroberer Kunst kurzerhand als Beute mit sich führten, komplizierte Napoleon dieses Vorgehen, indem er die Besiegten zwang, die Beschlagnahmungen in demütigenden Friedensverträgen zu legalisieren. Hitler verfolgte analoge Pläne und Strategien. Auch er sah die Kapitale Europas in seinem Reich wie auch das grösste Museum der Welt. Das «Führermuseum» sollte in Linz entstehen, das er Wien vorzog – in Wien war er als Künstler gescheitert. Neben «unsterblichen» Grössen wie Cranach, Rembrandt, Rubens, Hals, Vermeer sollten auch seine Lieblingsmaler, Defregger, Grützner, Waldmüller, Spitzweg, Böcklin, im Zentrum stehen. Er liess «Kunstwerke und geschichtlich bedeutsame Gegenstände, die seit 1500 ohne unseren Willen oder auf Grund zweifelhafter Rechtsgeschäfte in ausländischen Besitz gelangt sind», auflisten, um sie dann in seinen Eroberungskriegen zurückholen zu können.

Vor dem Krieg wurde gekauft. Hitlers favorisierter Händler war Karl Haberstock aus Berlin. Die Kompetenzen Haberstocks, der sich zu offensichtlich persönlich bereicherte, wurden eingeschränkt, als am 26. Juni 1939 Hans Posse, der Direktor der Dresdner Gemäldegalerie, für den «Sonderauftrag Linz» herangezogen wurde. Dabei wurde der «Führervorbehalt» festgesetzt, der Hitler beziehungsweise Posse die erste Wahl aus der beschlagnahmten Kunst zusicherte. Nach Hitler wählte Göring. Auch er hatte einen eigenen Galeriedirektor, den Kunsthändler Walter Andreas Hofer, engagiert. Hofer ging auch in der Schweiz auf Einkaufstour und tauschte ab 1941 via den deutschen Vermittler Hans Wendland mit der Galerie Fischer in Luzern enteignete Impressionisten gegen altdeutsche Kunst. Ein erster Schwerpunkt von Görings Sammlung galt Cranach. Carinhall, sein pompöser Landsitz, war am Ende des Krieges vollgestopft mit meist zweitklassiger Kunst von der Antike bis ins 19. Jahrhundert. Denn am besten gefiel dem Reichsmarschall die Kombination von deutsch und nackt. Die gewachsenen deutschen Museumssammlungen waren den Mächtigen ein Spielball ihrer Interessen: Jüdische Maler wie Pissarro und Liebermann wurden ausgeschieden und ausgetauscht. 1936 erwarb beispielsweise die Ludwigsgalerie München für Hitlers Reichskanzlei Böcklins dritte Fassung der «Toteninsel» von den Erben Eduard Sturzeneggers, St. Gallen. Der Kaufpreis von 66 000 Reichsmark wurde partiell durch nicht mehr genehme impressionistische Gemälde aus der Sammlung der Nationalgalerie Berlin abgegolten. Darunter befand sich für 7000 Franken Pissarros «Landhaus in der Hermitage» von 1873, das sich seither im Kunstmuseum St. Gallen (Sturzenegger-Stiftung) befindet.

Am 30. Juni 1937 liess Goebbels per Dekret Werke der «entarteten» Kunst, die entweder «das deutsche Gefühl beleidigen oder die natürliche Form zerstören oder verstümmeln oder sich durch fehlendes angemessenes handwerkliches oder künstlerisches Können auszeichnen», beschlagnahmen. In der propagandistischen Wanderausstellung «Entartete Kunst» wurden die wichtigsten Maler der Moderne aufs schändlichste diffamiert. Die systematische Plünderung der eigenen Museen wurde bis 1938 fortgesetzt. Nach Möglichkeit wurden die Werke ins Ausland verkauft. – Schon Anfang 1937 bot Karl Haberstock dem Winterthurer Sammler Oskar Reinhart in kriecherischem Ton Gemälde aus der Neuen Pinakothek München an, darunter van Goghs «Sonnenblumen» von 1888 und Cézannes «Bahndurchstich» (um 1870). Reinharts Ablehnung, die in München bekannt wurde, ist wohl der Grund, dass diese Bilder vor der Beschlagnahmung verschont blieben, während van Goghs Selbstbildnis von 1888 aus der Neuen Staatsgalerie München 1939 in Luzern für 175 000 Franken versteigert wurde (heute Fogg Art Museum, Cambridge).

Die Auktion «Gemälde und Plastiken moderner Meister aus deutschen Museen» fand am 30. Juni 1939 in der Luzerner Galerie Fischer statt. 125 «entartete» Werke von van Gogh, den Fauves und den deutschen Expressionisten gelangten zum Ausruf. Mit antisemitischen Äusserungen wie der, «dass nicht unter allen Umständen die Juden die alleinberechtigte Rasse sind, mit Kunst Handel zu treiben und Auktionen zu veranstalten», hatte sich Theodor Fischer bei der deutschen «Verwertungskommission», zu der auch Haberstock gehörte, beliebt gemacht. Georg Schmidt, Konservator des Kunstmuseums Basel, ergriff die Gelegenheit, absolute Spitzenbilder äusserst günstig kaufen zu können und damit zu retten, wurden doch von insgesamt 17 000 «entarteten» Kunstwerken im Hof der Berliner Hauptfeuerwache im Rahmen einer «Übung» am 20. März 1939 1004 Gemälde und 3824 Arbeiten aus Papier verbrannt.

Gegen erbitterte Proteste sprach die Basler Regierung Schmidt einen Sonderkredit von 50 000 Franken aus, mit dem er 21 «entartete» Gemälde erwerben konnte, 8 ersteigerte er in Luzern, die restlichen bezog er direkt aus Berlin. Entgegen der damals verbreiteten Meinung, die Einnahmen würden kompensatorisch zum Kauf älterer deutscher Kunst aufgewendet, flossen die Devisen, wie aus Goebbels' Tagebuch hervorgeht, «in den Kriegstopf». – Die versteigerte Kunst war nicht gestohlen, sondern per Sondergesetz aus den Museen entfernt worden. Rückgabeforderungen wurden nie gestellt. Was jedoch aus heutiger Sicht angebracht wäre, ist eine klare Provenienzangabe der betreffenden Werke in den Museen, die sie nun besitzen. In der Schweiz befinden sich – neben Basel – Gemälde und Plastiken aus der Fischer-Auktion in den Museen von Aarau, Bern und Solothurn, die durch Legate dorthin gelangten.

Der emigrierte jüdische Philosoph Ernst Bloch schrieb über die Ausstellung «Entartete Kunst» vom Sommer 1937: «Möge man leiser reden, es ist ein Sterbender im Zimmer. Die sterbende deutsche Kultur, sie hat im Innern Deutschlands nicht einmal mehr Katakomben zur Verfügung. Nur noch Schreckenskammern, worin sie dem Gespött des Pöbels preisgegeben werden soll; ein Konzentrationslager mit Publikumsbesuch. Das wird toll und immer toller.»

Im eigenen und dann in jedem «angeschlossenen» und eroberten Land vollzog die NS-Diktatur «Säuberungen», bis ins Detail geplant und flächendeckend: Die Juden und die slawischen Völker waren «feindliche Fremde», die erfasst und deportiert werden konnten. Ihr Besitz wurde eingezogen und verwertet. Die erbarmungslose Gründlichkeit gehört ebenso zum Vorgehen wie die rechtliche Absicherung. Juristen lieferten Gesetze. Hitler und Göring bedienten sich und liessen sich fingierte Rechnungen ausstellen. In allen besetzten Gebieten wurden die

Juden verfolgt und enteignet, in den eroberten «germanischen» Ländern und in Frankreich blieben die Museen und nichtjüdischen Sammlungen jedoch meist unangetastet. In Polen und der Sowjetunion dagegen galt die ganze Bevölkerung als «minderwertig». Die SS folgte Hitlers Befehl und begann die polnische Kultur zu «eliminieren». In Russland hiess «Eindeutschung» «Eliminierung der Bolschewisten». Alles irgendwie «Germanische» wurde hier vom grausamen Judenhasser Alfred Rosenberg und von seinem Stab sichergestellt, der Rest war zu zerstören. Per «Führererlass» vom 1. März 1942 wurde die Tätigkeit des Einsatzstabs Reichsleiter Alfred Rosenberg (ERR) legitimiert, nachdem dieser zuvor bereits in Frankreich und den Niederlanden zur vollsten Zufriedenheit Hitlers und Görings tätig gewesen war: «Juden, Freimaurer und die mit ihnen verbündeten weltanschaulichen Gegner des Nationalsozialismus sind die Urheber des jetzigen gegen das Reich gerichteten Krieges. Die planmässige geistige Bekämpfung dieser Mächte ist eine kriegsnotwendige Aufgabe. Ich habe daher den Reichsleiter Alfred Rosenberg beauftragt, diese Aufgabe im Einvernehmen mit dem Chef des Oberkommandos der Wehrmacht durchzuführen. Sein Einsatzstab für die besetzten Gebiete hat das Recht, Bibliotheken, Archive, Logen und sonstige weltanschauliche und kulturelle Einrichtungen aller Art (...) beschlagnahmen zu lassen. Der gleichen Regelung unterliegen Kulturgüter, die im Besitz oder Eigentum von Juden (...) sind. (...) Adolf Hitler. An alle Dienststellen der Wehrmacht, der Partei und des Staates.» – Alle wussten alles.

Der Veit-Stoss-Altar aus Krakau ging heim ins Reich, ebenso das Bernsteinzimmer aus Zarskoje Selo, während die Nationalkultur in beispiellos höhnischen Vandalenakten zerstört wurde, das Schloss von Warschau, die Sophienkathedrale und alle Museen von Nowgorod, und überall verwandte man besondere Aufmerksamkeit auf die Schändung von Wohnhäusern berühmter Persönlichkeiten: Puschkins Haus wurde geplündert, Tolstois Gut Jasnaja verwüstet, ebenso Gedenkstätten Tschechows, Rimski-Korsakows, Tschaikowskys. Über die Beschlagnahmungen in Polen und Russland wurde nicht exakt Buch geführt.

Anders in Frankreich. Hier konfiszierte der ERR von «expatriierten Juden und Freimaurern» seit 1940 21 903 Kunstwerke aus 203 Sammlungen. Die Bereitschaft zur Kollaboration mit dem ERR war so gross, dass praktisch kein Versteck eines Geflohenen unentdeckt blieb. Die Beute wurde im Musée Jeu de Paume inventarisiert und in Ausstellungen und Photodokumentationen Hitler und Göring präsentiert und zum Teil auch an Händler veräussert. Der Rest gelangte zwischen April 1941 und Juli 1944 in 29 Sendungen ins Reich zur späteren Verwertung. Aber nicht nur Kunst aller Art unterlag der Enteignung, sondern – in der M-Aktion des ERR Paris – auch 69 512 komplette Wohnungseinrichtungen, die in 26 984 Eisenbahnwaggons zum Versand gebracht wurden.

Ein Grossteil der bedeutendsten europäischen Privatsammlungen wurde vom ERR beschlagnahmt und weiterveräussert: Sammlung Rothschild, Czartoryski, Wildenstein, David-Weill, Paul Rosenberg, Bernheim-Jeune, Mannheimer, Seligmann, Hamburger, Jaffé, Schloss, Levy de Benzion ... Zahllose Werke verschwanden bei Parteifunktionären, sind mutwillig vernichtet worden oder wurden zerstört, als beim Zusammenbruch des Reiches in chaotischen Transporten Kunst umgelagert wurde, um sie dem Zugriff der Russen zu entziehen. Eine Reihe ungeklärter Brände in Lagerorten, Flakturm Zoo in Berlin, wurde aber vielleicht gelegt, um Entwendungen zu verbergen. Die Verluste, gerade vom Bedeutendsten, sind hoch, etwa Raffaels spätes «Bildnis eines jungen Mannes» aus der Sammlung Czartoryski. Das später Wiedergefundene bleibt den ursprünglichen Eigentümern oder ihren Erben meist unerreichbar, da die geraubten Werke in der Zwischenzeit ihren Besitzer gewechselt haben. – Andererseits liegen bis heute Tausende von Kunstgegenständen, die Familien ohne Überlebende gehörten, in Lagern. Allein in französischen Museumsdepots werden mehr als 2000 besitzerlose Werte aufbewahrt, während die rund 1500 «von den Nationalsozialisten konfiszierten Kunstwerke», die in der österreichischen Kartause Mauerbach lagerten, durch Christie's am 29. und 30. Oktober 1996 in Wien zugunsten der Opfer des Holocaust unter den Hammer kamen.

Zu Plünderungen kam es auch bei den Siegermächten. So stahl der

US-Soldat Joe Maedor den mittelalterlichen Quedlinburger Domschatz aus der Altenburg-Höhle, wo er eingelagert war, und sandte ihn per Feldpost in seine texanische Heimat. Als die Erben 45 Jahre später daran gingen, Teile zu verkaufen, gelang dem Raubkunstexperten Willi Korte die abenteuerliche Wiederauffindung. Erst gegen einen «Finderlohn» von vier Millionen Dollar konnte mit den Erben 1990/91 eine Einigung erzielt werden, obgleich der Tatbestand bis in alle Details bewiesen war.

Während die westlichen Alliierten, wenn immer möglich, das Geraubte den früheren Eigentümern zurückgaben, horten die Russen das von ihrer Trophäenkommission «gerettete» Gut bis heute, um damit ihre eigenen enormen Verluste zu kompensieren. Abkommen sind jedoch nie getroffen worden. Erst seit der Perestroika wird die Existenz von Beutekunst nicht mehr geleugnet. Die Spitze vom Eisberg der Beute wurde seit 1994 in ausgewählten Beispielen in St. Petersburg und Moskau in Ausstellungen vorgestellt (Schliemann-Schatz, Werke aus der Bremer Kunsthalle, den Sammlungen Gerstenberg, Krebs usw.).

Die Schweiz war 1945 erst auf Druck aktiv geworden. Die damals bekannten Fälle wurden detailliert untersucht und die betreffenden Kunstwerke zurückgegeben oder nachträglich rechtmässig gekauft. Es sind seither im offiziellen Handel auch keine weiteren Werke vergleichbarer Qualität aus Nazi-Beschlagnahmungen aufgetaucht, die in der Schweiz selbst umgesetzt worden sind. Aber wie verhält es sich mit zweitrangigem Kunstgut? Marcel Fischer sprach 1944 ja nicht nur von «einer grossen Menge», sondern auch von einer qualitativen Breite. Erst ansatzweise erforscht sind auch indirekte Geschäfte schweizerischer Händler. So ist bekannt, dass beschlagnahmte Kunst aus Frankreich auch auf neutralen Schweizer Schiffen über Genua dem amerikanischen Handel zugeführt wurde, in diesem Zusammenhang wird wieder Fischer, Luzern, genannt. – Es ist heute unerlässlich, dass sich die Forschung weiter mit diesen Fragen beschäftigt.

Wilfried Fiedler

Kulturgüter als Kriegsbeute: Völkerrechtliche Probleme seit dem Ende des Zweiten Weltkrieges

Zu den Merkwürdigkeiten der neueren Geschichte zählt die Tatsache, dass bestimmte Perioden des 20. Jahrhunderts in einem mehr oder weniger undurchdringlichen Dunkel gelassen wurden. Das gilt etwa für die Zeit zwischen 1945 und 1950, als die Waffen in Europa längst schwiegen. Der Krieg aber wurde, fast unbemerkt, auf anderer Ebene fortgeführt, zeigte sein zweites, nicht weniger abscheuliches Gesicht und zwingt heute selbst die Spezialisten des internationalen Rechts zu neuen Überlegungen.

Dabei ist es allerdings nicht nötig, auf neuere Rechtsnormen zurückzugreifen, etwa auf die seit 1954 von der Unesco erarbeiteten Konventionen, die jede kriegsbedingte Erbeutung von Kulturgütern im weitesten Sinne verbieten. Denn schon in der «Haager Landkriegsordnung» von 1907 (HLKO) war eine eindeutige Antwort auf die Beutezüge Napoleons gegeben worden, nach einem jahrzehntelangen Kampf für ein klares Beuteverbot, u. a. mit massgeblicher Beteiligung des Schweizer Völkerrechtlers J. C. Bluntschli (1808–1881). Art. 56 Abs. 2 dieses Vertragswerkes untersagt u. a. jede Beschlagnahme, absichtliche Zerstörung oder Beschädigung von Werken der Kunst und Wissenschaft. Weitgehend unbekannt ist der Umstand, dass die Bestimmungen der HLKO nach 1945 eine ganz unerwartete Bedeutung erhielten.

Denn die Antwort auf die barbarischen Raubzüge der Nationalsozialisten, vor allem in Osteuropa, erfolgte nach 1945 in deutlichster Weise. Berüchtigt waren vor allem die nationalsozialistischen Sondereinheiten, die in Osteuropa wüteten, wie der «Einsatzstab Rosenberg» oder die NS-Organisation «Ahnenerbe». Diese Sondereinheiten verfuhren nach einem speziellen Auftrag, nämlich für das von Hitler geplante Museum in Linz Kunstwerke in grosser Zahl abzutransportieren. Die bekannte Einschätzung der Kultur der osteuropäischen Völker als «minderwertig» wurde durch Zerstörungen unvorstellbaren Ausmasses zum Ausdruck gebracht. In den Nürnberger Prozessen gegen die nationalsozialistischen Hauptangeklagten kam es nunmehr zu Verurteilungen auch wegen des Verstosses gegen Art. 56 HLKO, eine Bestimmung, die auch heute noch eine besondere Rolle spielt. In den Urteilsbegründungen wurden die Plünderungen durch die nationalsozialistischen Sondereinheiten ausführlich behandelt und als Verstoss gegen geltendes Völkergewohnheitsrecht betrachtet. Das bedeutet, dass die Bestimmungen des Vertrages von 1907 in der Mitte des 20. Jahrhunderts nach wie vor zum geltenden Völkergewohnheitsrecht gezählt wurden. Aus der Sicht des damaligen Völkerrechts hiess dies, dass auch die Staaten an die HLKO gebunden waren, die nicht Vertragspartner des Vertragswerkes waren oder sein wollten, also auch das nationalsozialistische Deutschland, dessen Führung sich ausdrücklich gegen die Bindung an die HLKO wandte. Die Angeklagten der Nürnberger Prozesse versuchten, sich aus dieser Bindung hinauszuargumentieren, doch es gelang ihnen, wie wir wissen, keineswegs. Es ist kennzeichnend, dass unter den Nürnberger Urteilen auch der Name des sowjetischen Richters steht.

Doch zur selben Zeit, als die Angeklagten von Nürnberg verurteilt wurden, war der Krieg in Deutschland in eine neue Phase getreten: Kulturgüter aus Deutschland wurden flächendeckend aus der sowjetischen Besatzungszone in die Sowjetunion transportiert, in einem Ausmass, das bis zum heutigen Tage nicht eindeutig begrenzt werden kann. Was die Nationalsozialisten aus ihrer besonderen verachtenswerten Ideologie heraus den Völkern Osteuropas angetan hatten, wurde nunmehr zum Zwecke des Ausgleiches oder aus anderen Gründen in Deutschland nachgeholt. Auch hier waren es nicht die Angehörigen der Armeen selbst, sondern Sondereinheiten, die als sogenannte Trophäenkommissionen festlegten, welche Kulturgüter aus Deutschland weggeführt werden sollten.

Doch die verharmlosende Begründung, es habe sich um nichts anderes gehandelt als um eine «Kompensation» für die eigenen Verluste, ist durch die neuere Forschung weitgehend erschüttert worden. Denn hinzu trat seit 1944 die unter Stalin von führenden Kunstexperten, Restauratoren und Architekten verfolgte Idee, in Moskau ein gigantisches Weltmuseum zu errichten, das die Kulturgüter der besiegten Staaten aufnehmen sollte. Vor allem durch die Arbeiten von K. Akinsha, G. Koslow und C. Toussaint wurden die Einzelheiten auch der baulichen Pläne zur Kenntnis gebracht, darunter das ursprüngliche Vorhaben, selbst die Kulturschätze von Florenz nach Moskau zu verlagern («Operation Beutekunst», Nürnberg 1995).

Doch nicht nur diese Seite des Beutezuges in Deutschland brachte gewohnte Denkschablonen ins Wanken. Allein der Umstand, dass die Existenz der aus Deutschland weggeführten Kulturgüter bis zum Ende der achtziger Jahre strikt geleugnet wurde, macht die problematische Einschätzung der Wegführungen aus Deutschland selbst in der Sowjetunion deutlich. Hinzu kam, dass die Sowjetunion offiziell nur von der «Rettung», «Restaurierung» oder zeitweiligen Aufbewahrung der Kulturschätze aus Deutschland sprach. Als am Ende der fünfziger Jahre über 1,5 Millionen Kulturobjekte an die damalige DDR zurückgegeben wurden, so erfolgte dies nach einer ausdrücklichen Bekundung des Zentralkomitees der KPdSU von 1958 auch, um diese Güter angesichts ihrer «Bedeutung für die nationale Kultur Deutschlands» zurückzugeben. Die in dem bis vor kurzem geheimen Beschluss der KPdSU genannten Zahlen sprechen deutliche Worte. Die Parteiführung der KPdSU ging von mehr als 2,6 Millionen Kunstobjekten aus, daneben von Kunstschätzen, die in Kisten lagerten, von den Beständen der Bibliotheken einmal ganz abgesehen.[*]

Vor diesem Zahlenhintergrund wirken sich die heute zwischen der Bundesrepublik Deutschland und Russland im Streit befindlichen Forderungen eher marginal aus. Denn Deutschland forderte in den bis 1994 geführten Verhandlungen mit Russland die Rückgabe von 200 000 Museumsobjekten, zwei Millionen Büchern und drei Kilometern Archivbeständen. Diese Forderungen sind bezüglich der einzelnen

Objekte belegt, während über die darüber hinausgehenden Objekte schon deshalb kein näherer Aufschluss zu gewinnen ist, weil es sich um Bestände der in Russland befindlichen Geheimdepots auf unterschiedlicher staatlicher Ebene handelt.

Die allgemeine Diskussion begnügt sich häufig damit, die nach 1945 aus Deutschland weggeführten Kunstobjekte pauschal und wenig differenziert zur Kenntnis zu nehmen oder nur einige die Gesamtaktion verfälschende Objekte herauszugreifen, wie den «Schatz des Priamos». Es handelt sich dabei sicherlich um herausragende Kunstschätze, doch sie sind nicht in jeder Hinsicht charakteristisch für die aus Deutschland weggeführten Objekte.

Denn hierzu zählen nicht nur andere bedeutende Bestände der Berliner Museen oder der Goldschatz von Eberswalde, die Goldfunde von Cottbus, zwei Gutenberg-Bibeln, die wertvollen Bücher der Gothaer Sammlung oder die Bestände der Bremer Kunsthalle. Erwähnt werden müssen darüber hinaus auch die mittelalterlichen Glasfenster von St. Marien in Frankfurt an der Oder, der Nachlass Wilhelm von Humboldts oder die Fundstücke aus einem südwestdeutschen vorchristlichen keltischen Fürstengrab. Und in den berühmten drei Holzkisten MVF 1–3, die im Berliner Flakturm untergestellt wurden, waren nicht nur Schliemanns Schatz von Troja enthalten, sondern weit über 1500 Edelmetallobjekte, die von den Museumsverwaltungen u. a. unter der Rubrik «Unersetzliches» sichergestellt worden waren. Die in Russland lagernden deutschen Kulturgüter entsprechen einem Gang durch die gesamte deutsche Geschichte und können mit repräsentativen Schaustücken, etwa Gemäldesammlungen, nur begrenzt charakterisiert werden.

Die dunkle Periode nach dem Zweiten Weltkrieg hat darüber hinaus auch einen Vorgang jahrzehntelang verdeckt, der für die Gesamtbeurteilung der juristischen Fragestellung von grosser Bedeutung ist: die erste Rückführung nach 1945, die von den «Collecting Points» ausging. Die amerikanische Besatzungsmacht hatte sogenannte «Collecting Points» in verschiedenen westdeutschen Städten errichtet, von denen vor allem

München, Wiesbaden, Offenbach und Marburg in Erinnerung geblieben sind. In diesen «Collecting Points» wurden die von den Nationalsozialisten geraubten Kulturgüter gesammelt und an ihre Eigentümer zurückgeführt. Über 500 000 Objekte wurden aus diesen Sammelstellen in die Sowjetunion zurücktransportiert. Die Existenz dieser «Collecting Points» war lange Zeit wenig bekannt, sozusagen vergessen. Nunmehr weiss man, dass die zahlreichen Güterwagen, die von vielen Städten Deutschlands aus in die Sowjetunion zurückfuhren, nicht immer die Orte erreichten, aus denen die Objekte stammten. Man geht davon aus, dass die meisten Kulturgüter in Moskau oder St. Petersburg oder an anderen russischen Orten verblieben sind und nicht etwa in die Ukraine oder einen anderen (heute selbständigen) Staat zurückgelangten, aus dem sie stammten.

Wegen der ungeklärten «ersten» Rückführung gestalten sich manche Verhandlungen mit den Nachfolgestaaten der Sowjetunion besonders schwierig, da sich Russland weigert, die entsprechenden Gegenstände in die ursprünglichen Aufbewahrungsorte weiterzubefördern. Die rechtlichen Probleme bleiben nicht zuletzt wegen der unklaren Faktenlage in manchen Bereichen sehr unübersichtlich. Dass 1996 über 100 000 wertvolle Bücher aus dem 16. bis 20. Jahrhundert von Georgien an Deutschland zurückgegeben wurden, stellt bisher einen Ausnahmefall dar, der aber der Grundeinschätzung der Rechtslage im internationalen Recht entspricht. Mit anderen Nachfolgestaaten der UdSSR, wie der Ukraine, kam es inzwischen zu hoffnungsvoll stimmenden Restitutionen kleinerer Art.

Zu den häufigsten Irrtümern in diesem Bereich zählt die Annahme, dass im Verhältnis zwischen Deutschland und Russland nach dem Zweiten Weltkrieg, von der DDR abgesehen, keine «Abkommen» geschlossen worden seien. Sowohl mit Russland als auch mit den Nachfolgestaaten der Sowjetunion sind im Gegenteil ausdrückliche völkerrechtliche Regelungen erst vor wenigen Jahren getroffen worden. Sowohl mit der Sowjetunion als auch mit Russland wurde von Deutschland eine nahezu gleichlautende vertragliche Abmachung in den Jahren 1990 und 1992 getroffen. Danach verpflichteten sich beide Seiten dazu, «verschollene oder unrechtmässig verbrachte Kunstschätze, die sich auf ihrem Territorium befinden, an den Eigentümer oder seinen Rechtsnachfolger» zurückzugeben. Mit diesen Verträgen sollte der Weg in eine unbelastete Zukunft zwischen den beiden Staaten geöffnet werden, doch hat sich nach 1993 eine Verhärtung der Positionen insofern vollzogen, als Russland versucht, durch entsprechende Interpretationen die geschlossenen Verträge inhaltlich leerlaufen zu lassen. Dass dies dem zentralen Völkerrechtssatz «pacta sunt servanda» nicht entspricht, ist inzwischen Gemeingut.

Wegen des Streits um die zutreffende rechtliche Interpretation der geschlossenen Verträge kann die Grundfrage nach den Wurzeln der besonderen Behandlung von Kulturgütern im geltenden Völkerrecht nicht immer freigelegt werden. Bereits die Bestimmungen der Haager Landkriegsordnung stellten die Sonderposition der Kulturgüter heraus, und die Konventionen der Unesco knüpfen an dieser Position des geltenden Völkerrechts an. Bei einer näheren Betrachtung wird man feststellen, dass bereits das Völkerrecht der klassischen Periode (nach dem Jahre 1648) den Kulturgütern eine Sonderstellung eingeräumt hatte, insbesondere den religiös genutzten Objekten. Das Völkerrecht hatte Kulturgüter schon frühzeitig dem Privateigentum gleichgestellt und einen entsprechenden Schutz vorgesehen.

In den aktuellen Fragestellungen zeigt sich insbesondere die spezielle Richtung des internationalen Kulturgüterschutzes. Es geht bei der Beurteilung der massgeblichen völkerrechtlichen Normen nicht darum, Vermögensgegenstände an Regierungen und Staaten zurückzuerstatten, sondern vielmehr darum, den humanitären Gedanken in den Vordergrund zu stellen und die Kulturgüter als Repräsentanten der Menschen und Völker sowie der besonderen Museumskultur einer Region zu erhalten und zurückzuerstatten. Daher stellt es auch einen Verstoss gegen das internationale öffentliche Recht dar, Kulturgüter sozusagen als ein Faustpfand zurückzubehalten, um auf dem Wege über die Rückgabe eine möglichst hohe finanzielle Gegenleistung zu erzielen.

Der Grund für den Schutz der Kulturgüter im geltenden Völkerrecht liegt in der besonderen Funktion der Kulturgüter selbst. Museumsgüter, Bibliotheken, Archive, Dokumente usw. werden vom geltenden Recht deshalb geschützt, weil dies den erwähnten humanitären Grundgedanken enthält, der die Menschen und ihre Leistungen in besonderer Weise schützen möchte. In einer Zeit wie der gegenwärtigen, in der die Menschenrechte besonders betont werden, entspricht der Schutz der Kulturgüter auch dieser modernen Entwicklung des Völkerrechts. Auch in der Mitte des 20. Jahrhunderts war klar, dass mit den Kulturgütern auch die Menschen geschützt wurden vor den bewussten Vernichtungen des Krieges. Kulturgüter stellten nicht lediglich Vermögensgegenstände dar, sondern waren Ausdruck der Kreativität des jeweiligen Volkes und der ihm angehörenden einzelnen Menschen. Hinzu kommt heute in verstärktem Masse der Schutz des Kulturerbes, dem sich die Unesco in besonderer Weise widmet. Untersagt ist aus diesem Grunde verständlicherweise auch das Verfahren einer «freien Auswahl» unter erbeuteten Kulturgütern, um eigene Verluste auszugleichen. Denn eine solche Interpretation würde sich unmittelbar gegen die betroffenen Menschen und Völker richten. Art. 56 HLKO wandte sich zunächst gegen die einseitige Wegnahme von Kulturgütern, konnte aber nicht verhindern, dass etwa in Friedensverträgen oder auf vergleichbare Weise eine einvernehmliche vertragliche Wegführung beschlossen wurde. Eine solche einvernehmliche Wegführung erfolgte nach 1945 keineswegs, und auch eine Ermächtigung des Alliierten Kontrollrates für die massenhaften Wegführungen durch die Sowjetunion war bisher trotz intensiven Bemühungen nicht zu ermitteln.

Die Konsequenz dieses völkerrechtlichen Ausgangspunktes ist eindeutig. Sowenig eine einseitige Wegnahme von Kulturgütern rechtlich zulässig ist, so selbstverständlich ist ein möglicher vertraglicher Ausgleich für verursachte Schäden etwa durch Geld oder andere Leistungen. Es war daher konsequent, dass die Bestimmungen über die Rückgabe von Kulturgütern in den deutsch-russischen Verträgen sich neben anderen Absprachen fanden, die mehr finanzieller, wirtschaftlicher oder anderer Natur waren.

Bei der Regelung der deutsch-russischen Kulturbeziehungen kann es nicht darum gehen, in bezug auf die «Kriegsbeute» Russland an den Pranger zu stellen. Denn auf dem Wege der gewöhnlichen Plünderung verschwanden nicht nur Kunstschätze aus Deutschland in die Sowjetunion, sondern auch in westliche Staaten. Doch waren es hier nicht die Staaten selbst, die eine entsprechende Wegführung anordneten, sondern es handelte sich um die Aktivität Einzelner, die in rechtswidriger Weise Plünderungsgut nach Übersee schafften. Herausragende Bedeutung erlangte der Protest amerikanischer Kunstschutzoffiziere, der am 7. November 1945 verfasst und binnen kurzer Zeit von anderen Offizieren unterzeichnet wurde. Darin heisst es in kennzeichnender Weise: «Wir möchten darauf hinweisen, dass unseres Wissens keine historische Kränkung so langlebig ist und so viel gerechtfertigte Verbitterung hervorruft wie die aus welchem Grunde auch immer erfolgende Wegnahme eines Teiles des kulturellen Erbes einer Nation, sei es auch, dass dieses Erbe als Kriegstrophäe aufgefasst wird.» Mit diesem «Wiesbadener Manifest» wurde u. a. die später in einem Moment der Irritation durch die Vereinigten Staaten erfolgte Wegführung von 202 Gemälden rückgängig gemacht.

Es liegt nahe, dass die juristischen Fragestellungen sich in erster Linie an den formulierten Vertragstexten orientieren, etwa an dem Begriff des «Verschollenen» oder an der Frage der «Unrechtmässigkeit» der Wegführung, doch ist in der Zwischenzeit ein weiterer Aspekt hinzugekommen. Denn das deutsch-russische Verhältnis hat im Gesamtzusammenhang der europaweit bestehenden Kriegsbeute-Probleme eine neue internationale Dimension erhalten, die zugleich einen Faktor internationaler rechtlicher Verantwortung enthält. Dies soll unter drei Aspekten deutlich gemacht werden.

Ein erster Punkt richtet sich auf die Kulturgüter, die sich in Russland befinden, die aber aus Frankreich oder den Niederlanden stammen. Es handelt sich dabei um Objekte, wie etwa Archive oder Gemäldesammlungen, die nach 1945 von der Sowjetunion aus Deutschland weggeführt wurden, nachdem sie ihrerseits aus Frankreich und den Niederlanden nach Deutschland transportiert worden waren. Auch für diese Kulturgüter gelten die Restriktionen der russischen Duma, die eine Restitution bislang unmöglich machen. Die Ansprüche Deutschlands gegenüber Russland enthalten auf diese Weise einen zusätzlichen europäischen Stützeffekt, der auf die Kulturgüter anderer europäischer Staaten mittelbare oder unmittelbare Auswirkungen enthält.

Ein zweiter «internationaler» Aspekt gilt dem Umstand, dass die deutsch-russischen Rückführungsprobleme heute in äusserst bemerkenswerter Weise ergänzt werden durch ukrainisch-russische oder polnisch-russische Anspruchskonstellationen, die von den betreffenden Staaten in einer sehr viel stärkeren Weise beachtet werden als zuvor. Hierdurch ist das deutsch-russische Verhältnis zugleich ausschlaggebend geworden für unterschiedliche nationale Anspruchsvarianten, die zwischen den osteuropäischen Staaten bestehen. Scheinbar «zeitgemässe» Kompromisse auf dem Gebiet der Rückgabe von Kulturgütern können sich auf diese Weise unmittelbar negativ auf die berechtigten Interessen mancher osteuropäischer Völker auswirken, die unter dem Zweiten Weltkrieg in besonderer Weise schwer gelitten haben.

Ein dritter Aspekt bezieht sich auf die nach 1945 beibehaltene Beutepraxis, die in nicht wenigen kriegerischen Konflikten bis in die Gegenwart den Raub des jeweiligen Kulturgutes mit umfasst. So kann man in neueren Konflikten, wie etwa im Golfkrieg zwischen dem Irak und Kuwait, entsprechende Wegnahmen registrieren, wie auch in anderen Teilen der Welt. Der Raub von Kulturgut während kriegerischer Konflikte ist eine aktuelle Bedrohung geblieben, so daß keine juristische Flucht in einen «speziellen» Problemfall Deutschland – Russland möglich ist. Auf diese Weise steht jede Lösung des Rückführungsproblems in einer internationalen Verantwortung, die den Bewegungsspielraum der einzelnen Beteiligten zusätzlich einengt.

Bei der Erarbeitung von Lösungen muss hierauf Rücksicht genommen werden, etwa durch die Variation unterschiedlicher Lösungsmodelle, die nicht in Richtung einer «Kompensation», sondern in Richtung einer technischen Hilfeleistung gehen und die die Erfordernisse eines europäischen Zusammenhalts nutzen. Dabei spielt sich am Rande einer «europäischen» Lösung eine Kontroverse über die Einstufung einer blossen Zugangsermöglichung zu den jeweiligen Aufbewahrungsorten ab. Denn bei flüchtiger Betrachtung könnte es als ein grosses Verdienst der Beutestaaten erscheinen, den Zugang zu den «verschollenen» Schätzen zu ermöglichen und damit – scheinbar – einen Beitrag zur Nutzung des Weltkulturerbes zu leisten. Gerade diese Argumentation ist trügerisch. Denn es ist nicht vorstellbar, dass die internationale Museumslandschaft im 20. und 21. Jahrhundert ihren Zusammenhalt durch die Präsentation erbeuteter Kunstgegenstände gewinnt, statt den Grundvoraussetzungen des staatlichen Zusammenlebens Wege zu bahnen: durch die Beachtung des geltenden Völkerrechts. Hinzu tritt im speziellen Falle des deutsch-russischen Verhältnisses die Verpflichtung gegenüber den vielen privaten, auch kirchlichen und jüdischen Eigentümern, deren Kulturgüter nach wie vor in Russland und in anderen osteuropäischen Staaten lagern. Dem völkerrechtlichen Gebot, weggeführte Kulturgüter in das Herkunftsterritorium zurückzubringen, kann nur auf diese Weise entsprochen werden. Jede andere «Lösung» steht in der Gefahr, das während des 19. Jahrhunderts mühsam erkämpfte völkerrechtliche Beuteverbot zunichte zu machen und auf künftige militärische Konflikte im wörtlichen Sinne verheerend zu wirken.

* K.-D. Lehmann, I. Kolasa (Hrsg.): Die Trophäenkommissionen der Roten Armee. 1996, S. 240 ff.

Anja Heuss

Die Vernichtung jüdischer Sammlungen in Berlin

Bevor Hitler an die Macht kam, gab es in Berlin zahlreiche bedeutende jüdische Familien, deren Sammlungen fester Bestandteil des kulturellen Lebens waren. Die Sammler übten meist bürgerliche Berufe aus, waren vor allem als Akademiker, Bankiers, Kaufleute, Mediziner und Anwälte tätig und gehörten zum assimilierten Judentum in Berlin. Ein solcher Sammler war der jüdische Kaufmann Eduard Arnhold, der neben deutschen Malern des 19. Jahrhunderts auch Werke der französischen Moderne besass, die bis dahin in Berlin relativ unbekannt war. Arnhold übergab seine Sammlung als Dauerleihgabe dem preussischen Staat. Auch der Maler Max Liebermann war Eigentümer einer umfangreichen Kunstsammlung, die ausser seinen eigenen Werken zahlreiche französische Impressionisten enthielt. Beide Sammlungen wurden später von den Nationalsozialisten enteignet. Auch auf dem Gebiet des Kunstgewerbes zeichneten sich gerade jüdische Sammler in Berlin aus. Prominentestes Beispiel war die Porzellansammlerin Hermine Feist, die ihre Sammlung in der Weltwirtschaftskrise verkaufen musste. Zahlreiche Objekte dieser Sammlung wurden auf Umwegen vom Kunstgewerbemuseum Berlin erworben.

Durch die geschickte Museumspolitik des Direktors des Kaiser-Friedrich-Museums, Wilhelm von Bode, und des Direktors der Nationalgalerie, Hugo von Tschudi, konnten diese Kunstsammler auch als Förderer der Berliner Museen gewonnen werden, so dass eine enge Verzahnung zwischen privaten und öffentlichen Sammlungen entstand. Durch dieses reiche kulturelle Leben blühte der Kunsthandel in Berlin; neben München zählte Berlin nach dem Ersten Weltkrieg zu den beiden Zentren des Kunsthandels in der Weimarer Republik.

Als die Nationalsozialisten 1933 die Macht ergriffen, setzte eine beispiellose Flut von diskriminierenden Gesetzen ein, die die Ausschaltung der Juden aus dem wirtschaftlichen und kulturellen Leben zum Ziel hatte. Bereits 1933 wurde zum Boykott jüdischer Geschäfte aufgerufen, jüdische Beamte und Anwälte wurden zwangsweise entlassen. Damit wurde breiten Kreisen der jüdischen Bevölkerung die Existenzgrundlage entzogen. Was lag da näher, als zunächst die Sachen zu veräussern, die man nicht unmittelbar zum Leben brauchte? Unter dem Druck der wirtschaftlichen Verhältnisse verkauften daher zahlreiche Juden zwischen 1933 und 1938 ihre Kunstsammlungen, teils um ihr nacktes Überleben zu sichern, teils um ihre Auswanderung zu finanzieren. Der Kunsthandel in Berlin spielte bei diesen «Arisierungen» eine ganz besondere Rolle. Dort wurden jüdische Sammlungen nicht nur aus Berlin, sondern aus dem ganzen Reich versteigert. Die Aufsicht über diese Versteigerungen hatte die Reichskulturkammer, in der alle Versteigerer «gleichgeschaltet» waren. Erst durch neue Aktenfunde ist nun bekanntgeworden, in welchem Umfang die Reichskulturkammer bereits in den frühen dreissiger Jahren das Auktionswesen kontrollierte. In akribisch geführten Listen mussten die Versteigerer jede Kunstsammlung anmelden und die Versteigerung genehmigen lassen.

Die Käufer auf diesen «Judenauktionen», wie diese Versteigerungen damals genannt wurden, wussten übrigens ganz genau, von wem sie kauften. Zwar wurden die Vorbesitzer in der Regel nicht namentlich genannt, jedoch wurden die Kunstwerke aus «nichtarischem» Besitz eigens mit einem Sternchen versehen und so deutlich gekennzeichnet. Diese diskriminierende Praxis wurde bis zum April 1938 von einzelnen Auktionatoren freiwillig durchgeführt. Mit Wirkung vom 22. 4. 1938 wurde eine sogenannte «Tarnverordnung» erlassen, die verhindern sollte, dass jüdische Betriebe heimlich Vermögenswerte aller Art umwandelten oder auflösten. Auf Grund dieser Verordnung waren die Auktionshäuser nun verpflichtet, die jüdische Provenienz der Kunstwerke zu kennzeichnen. Durch die Verordnung zur Anmeldungspflicht für jüdisches Vermögen im Dezember 1938, die eine totale Kontrolle jüdischen Vermögens einleitete, war die «Tarnverordnung» hinfällig geworden.

Die Sammlung von Emma Budge aus Hamburg war die grösste und wertvollste, die in Berlin während der Zeit des Nationalsozialismus versteigert wurde. Sie umfasste vor allem Spezialsammlungen an Porzellan und kirchlichen Textilien und wurde mit insgesamt 1 Million RM bewertet. Emma Budge (1852–1937) hatte ihre Sammlung unter Beratung von mehreren Kunsthändlern und Hamburger Museumsbeamten angelegt. Da sie sich Hamburg sehr verbunden fühlte, vermachte sie ihre Kunstsammlung testamentarisch der Stadt. Als sie jedoch in ihrem eigenen Familienkreis erleben musste, wie die Juden im Dritten Reich diskriminiert wurden, änderte sie ihr Testament und begründete diesen Schritt mit den Worten: «Gezwungen sehe ich mich zu dieser Aufhebung und zur Neuordnung durch die Veränderung meiner eigenen finanziellen Verhältnisse und der allgemeinen wirtschaftlichen und auch politischen Verhältnisse in Deutschland, welche Veränderungen es mir widersinnig erscheinen lassen, eine von mir früher zugunsten der Stadt Hamburg angeordnete Verfügung weiter bestehen zu lassen.»

Zunächst überlegte sie, ob sie ihre Textiliensammlung dem Metropolitan Museum in New York schenken sollte. Da täglich neue Verordnungen erlassen wurden, die den Vermögenstransfer für jüdische Eigentümer einschränkten, war für Emma Budge nicht mehr absehbar, in welcher Weise ihre Erben über das Vermögen verfügen könnten. Sie überliess es daher ihren Testamentsvollstreckern, nach ihrem Tod über die Kunstsammlung zu verfügen. Ausgeschlossen wurde von ihr jedoch ein Verkauf oder Geschenk an die Stadt Hamburg. In einem Kodizill vom 21.11.1935 bemerkte sie ferner: «Eine Veräusserung all dieser Gegenstände innerhalb des Deutschen Reiches wird voraussichtlich nicht ratsam sein.» Als Emma Budge am 14.2.1937 in Hamburg eines natürlichen Todes starb, entschieden sich ihre Testamentsvollstrecker dazu, die Sammlung in Berlin bei dem Auktionator Lange versteigern zu lassen, um so Gelder flüssigzumachen für diejenigen Erben, die noch auswandern konnten und wollten.

Vom 4. bis zum 6. 10. 1937 und vom 6. bis zum 7. 12. 1937 wurde die kunstgewerbliche Sammlung der Emma Budge in Berlin versteigert. Die Katalogisierung der Sammlung wurde vom Kunstgewerbemuseum in Berlin vorgenommen, das selbst einige Werke erwarb. Die Versteigerung muss ein gesellschaftliches Ereignis gewesen sein, denn es waren aus dem gesamten Reich Museumsdirektoren angereist, um Kunstwerke aus dieser Sammlung zu erwerben. Das Palais in Darmstadt erwarb mehrere Figuren aus der Manufaktur Kelsterbach (18. Jahrhundert). Das Museum für Kunst und Gewerbe in Hamburg ersteigerte einen silbernen Löwen-Hochzeitsbecher aus dem Jahr 1564 von Peter Dulner mit dem Wappentier des Nürnberger Patriziers Ölhafen, ausserdem einen Nautilus-Pokal von Thomas Stoer d. Ä. (Nürnberg, um 1600). Zahlreiche Kirchentextilien wurden von dem jüdischen Sammler Bernheimer gekauft. Dessen Sammlung wurde kurz darauf in München arisiert. Durch eine Nachlässigkeit in der Recherche wurden diese Textilien nach 1945 von den amerikanischen Besatzungsbehörden an den Sammler Bernheimer und nicht an die Erben der Familie Budge restituiert. Im Juni 1996 sind die Textilien der ehemaligen Sammlung Bernheimer in London wieder versteigert worden. Vom Kunstgewerbemuseum Berlin wurden 1937 fünf Objekte erworben, darunter ein Augsburger Jungfernbecher aus der Werkstatt des Elias Zorer (um 1590). Sie befinden sich jetzt noch dort und sind auf Grund der Recherchen der Autorin jüngst Gegenstand von Restitutionsverhandlungen geworden. Auch das Schweriner Museum gelangte auf dieselbe Weise u. a. zu einer hervorragenden Böttger-Steinzeugfigur, die vom Dresdner Hofbildhauer Benjamin Thomae um 1712 in Meissen hergestellt worden war. Es handelt sich um eine der sehr seltenen überlieferten figürlichen Darstellungen in Böttger-Steinzeug, die den jungen sächsischen Thronfolger August III. als Feldherrn wiedergibt.

Auch der internationale Kunsthandel war auf der Versteigerung der Sammlung Budge 1937 vertreten: Die Galerie Fischer in Luzern ersteigerte sieben Objekte, ein Beleg dafür, dass Theodor Fischer auch auf sogenannten «Judenauktionen» in Berlin Kunstwerke erworben hat.

Darunter befanden sich ein Schäferpaar, eine Türkin mit Mandoline und ein Mops aus Meissener Porzellan, die um 1740 hergestellt worden waren. Der Erlös der Versteigerung musste auf ein Sperrkonto eingezahlt werden und ist nach Auskunft der Erben nie an sie weitergeleitet worden. Da die Fristen für die Anmeldung jüdischen Vermögens in Westdeutschland bereits in den fünfziger Jahren abgelaufen sind, können nur noch die Kunstwerke aus der Sammlung Budge, die sich heute in einem Museum der ehemaligen DDR befinden, zurückgefordert werden. Die Anmeldung für die Kunstwerke in westdeutschen Museen wurde vor allem deshalb versäumt, weil die Unterlagen der Reichskulturkammer, die nicht nur die einzelnen Objekte, sondern teilweise auch die Käufer auflisten, erst seit wenigen Jahren zugänglich sind. Bis vor kurzem wurden diese wichtigen Akten, die ein eindrückliches Bild von dem Auktionswesen jener Zeit vermitteln und so manchem Erben hilfreich gewesen wären, von den Westberliner Finanzbehörden unter Verschluss gehalten.

Eine ähnliche Situation zeigt sich bei der Sammlung des Breslauer Juden Max Silberberg. Dieser hatte in den zwanziger Jahren eine bedeutende Sammlung der klassischen Moderne und des 19. Jahrhunderts angelegt, zu der z.B. Werke von Paul Klee, Ernst Barlach und van Gogh gehörten. Seine Sammlung wurde 1935/36 in vier Auktionen bei Paul Graupe in Berlin versteigert und in alle Himmelsrichtungen verstreut. Dabei wurden insgesamt 143 Gemälde und Zeichnungen von Barlach, Corinth, C.D. Friedrich, Liebermann, Picasso, van Gogh, Maillol, Matisse, Millet, Pissarro u.a. verkauft sowie Plastiken von Barlach, Kolbe, Maillol, Matisse, Renée Sintenis und August Gaul. Auf der jüngsten «Beutekunstausstellung» in der Eremitage in Petersburg von 1995 ist eine Zeichnung von Cézanne mit der Rückenansicht eines männlichen Aktes wiederaufgetaucht, die bis dahin als verschollen galt. Sie war am 23. März 1935 durch den «Verein der Freunde der Nationalgalerie» bei Graupe ersteigert worden. Bei Kriegsende wurde sie offenbar mit anderen Kunstwerken aus dem Besitz der Nationalgalerie von der sowjetischen Trophäenkommission beschlagnahmt und nach Leningrad verbracht.

Aus derselben Auktion erwarb der «Verein der Freunde der Nationalgalerie» auch van Goghs Rohrfederzeichnung «Olivenbäume» von 1889. Der Auktionskatalog von 1935 führt sie unter dem Titel «L'Olivette» auf. Der «Verein der Freunde der Nationalgalerie» übergab diese Zeichnung wie auch das Cézanne-Blatt dem Kupferstichkabinett der Nationalgalerie. Bis zur Wiedervereinigung befand sich dieses wichtige Werk van Goghs in Ostberlin. Im Katalog der Ausstellung «Das Berliner Kupferstichkabinett. Ein Handbuch zur Sammlung», Berlin 1994, ist sie abgebildet. Ihre Provenienz wurde dabei leider verschwiegen, obwohl sie zweifellos bekannt war.

Die Auflösung der Sammlung Silberberg wurde von den Breslauer Behörden 1938 weitergeführt. 1938 verkaufte Silberberg unter Zwang an das Schlesische Museum in Breslau zwei Ölgemälde, ein «Frauenporträt» von Manet und «Köpfe» von Honoré Daumier. Die restliche Sammlung, die u. a. ein Aquarell von Paul Klee («Dammweg») und mehrere Zeichnungen von Liebermann, Klimt und Otto Müller enthielt, wurde vom Oberfinanzpräsidenten Niederschlesiens beschlagnahmt und zum Teil dem Schlesischen Museum zur Verwahrung gegeben. Dokumente aus dem Nachlass Brilling im Jüdischen Museum in Frankfurt zeigen, wie der Direktor des Museums, Cornelius Müller-Hofstede, versuchte, sich diese «arisierte» Kunstsammlung anzueignen. Seine Bitten um Übereignung an das Museum wurden abgelehnt; trotzdem verblieb die Sammlung im Museum. Ihr weiteres Schicksal konnte bisher nicht geklärt werden. Dagegen ist das Schicksal von Max Silberberg bekannt. Er wurde in einem Lager im Kloster Grüssau interniert, von dort im Mai 1942 deportiert und ermordet.

Die Sammlungen Budge und Silberberg stehen für viele jüdische Sammlungen, die bereits vor dem Novemberpogrom 1938 unter dem Druck der diskriminierenden Massnahmen gegen Juden von den Eigentümern verkauft wurden. Dabei fand über den Kunsthandel in Berlin eine scheinlegale «Arisierung» jüdischer Sammlungen aus dem ganzen Reich statt, die bisher in der Kunstraub-Literatur noch nicht genügend beachtet worden ist. Diese Welle der Arisierung regulierte sich allein über den Markt; sie fand ohne das Eingreifen der Gestapo und vor der Gründung der Kunstrauborganisationen Rosenbergs, Hitlers und Görings statt. Auch die Reichskulturkammer beobachtete in dieser Zeit zwar sorgfältig den Markt, steuerte ihn aber nur wenig. Die Erwerbungen auf den «Judenauktionen» sind aus heutiger Sicht «unrechtmässig». Das Vermögensgesetz sieht grundsätzlich eine Restitution für diese Kunstwerke vor für das Gebiet der neuen Bundesländer (ehemalige DDR). Massgebend für solch eine Restitution ist vor allem der Tatbestand der Verfolgung durch die Nationalsozialisten. Obwohl die Rechtslage in der Bundesrepublik recht eindeutig ist, kommt es dennoch relativ selten zu Restitutionen, da die Wege der Kunstwerke nur sehr schwer zu verfolgen sind. Das Auktionswesen erfüllt – damals wie heute – häufig die Funktion, diese Wege durch lückenhafte Angaben zur Provenienz zu verschleiern. Da bisher die relevanten Akten nicht zugänglich waren, die das Auktionswesen in Berlin beleuchten, fängt in vielen Fällen die Recherche nach jüdischem Kulturgut jetzt erst an.

Anja Heuss

Der Fall Goudstikker:
Die Niederlande und die Raubkunst

Im Zweiten Weltkrieg wurden etwa 102 000 Juden aus den Niederlanden deportiert und ermordet. Ihre Kunstsammlungen, darunter auch die Sammlung Goudstikker, wurden enteignet oder unter den Bedingungen der Okkupation verkauft. Ein Teil dieser Kulturgüter konnte nach 1945 wieder aufgefunden und an die Niederlande übergeben werden. Die Niederlande müssen sich heute die Frage stellen, ob sie wirklich alles versucht haben, um die Eigentümer dieser Kulturgüter ausfindig zu machen.

Vor kurzem überraschte die ARD die Öffentlichkeit mit einem Beitrag im «Weltkulturspiegel» zur niederländischen jüdischen Sammlung Jacques Goudstikker, die im Sommer 1940 unter besatzungsrechtlichen Bedingungen von Hermann Göring aufgekauft worden war. Nach Kriegsende restituierten die Amerikaner die Werke von Goudstikker an den niederländischen Staat. Dieser gab die Sammlung jedoch nicht an die Erben Goudstikker weiter, sondern einigte sich in einem Vergleich dahingehend, dass die Werke in niederländische Museen einverleibt wurden. Nun, nach über fünfzig Jahren, fordern die Erben ihr Eigentum zurück. Juristisch ist es allerdings problematisch, eine Sammlung zurückzufordern, auf die man vor fünfzig Jahren in einem Vergleich verzichtet hatte. Ungeachtet dessen verdient diese Geschichte Aufmerksamkeit, da sie exemplarisch den Sonderweg der niederländischen Restitutionspolitik beleuchtet.

Nach dem Zweiten Weltkrieg bemühten sich die Alliierten, den Kunstraub der Nationalsozialisten durch Restitutionen – soweit dies noch möglich war – rückgängig zu machen. Als Kunstraub wurde nicht nur die «klassische Form» der Beschlagnahmung oder Entziehung von

Kunstsammlungen definiert, sondern auch das sogenannte Rechtsgeschäft, sofern es unter Druck abgeschlossen worden war. Damit versuchten die Alliierten, den vielfältigen Formen und Mitteln der Nationalsozialisten, sich auf scheinlegalem Wege Kunstsammlungen aus jüdischem Eigentum anzueignen, gerecht zu werden.

Alle diese Restitutionsbemühungen fussten auf der sogenannten Londoner Declaration vom 5. Januar 1943. Darin hatten die Alliierten jede Entnahme und jeden Verkauf von Kunstsammlungen unter Druck für ungültig erklärt. Nach dem Ende des Krieges machten die Alliierten solche scheinlegalen «Rechtsgeschäfte» wieder rückgängig, indem sie öffentliches und privates Eigentum an den jeweiligen Staat zurückgaben, aus dem die Kunstwerke stammten. Private Eigentümer mussten dann ihre Ansprüche bei ihrer Regierung geltend machen. Damit lag die Verantwortung für die Rückerstattung bei dem jeweiligen Staat. Die Niederlande beschritten dabei einen Sonderweg. Sie interpretierten die Londoner Declaration dahingehend, dass nicht nur der Käufer in den besetzten Niederlanden sich strafbar gemacht habe, sondern auch der – häufig jüdische – Verkäufer. Die Niederlande verwandelten so einen Akt der Wiedergutmachung in ein Instrument zur Verfolgung von Kollaborateuren. Im Fall der Goudstikkers bestritten sie überhaupt, dass diese Sammlung unter Zwang verkauft worden sei. Nach niederländischem Gesetz verfielen Kunstwerke, die ohne Zwang verkauft wurden, der «Stichting Nederlandsch Kunstbezit» in Amsterdam und wurden später auf verschiedene niederländische Museen verteilt.

Die Sammlung gehörte Jacques Goudstikker, dem Inhaber einer alten und angesehenen Kunsthandlung in Amsterdam. Wie bei vielen Kunsthändlern waren die Grenzen zwischen der privaten Kunstsammlung und dem Warenlager seiner Firma fliessend, das heisst, die Sammlung veränderte sich ständig. Nach einer Aufstellung von 1939 umfasste sie 1300 Gemälde, darunter sehr viele alte niederländische Meister.

Am Tag des Einmarsches der Deutschen Wehrmacht in die Niederlande floh Goudstikker mit seiner Frau und verunglückte dabei tödlich. Auch sein Anwalt starb, so dass nur noch die Angestellten übrigblieben, die sich von der in Amsterdam verbliebenen Mutter Goudstikkers als Treuhänder einsetzen liessen. Bald nach der Besetzung der Niederlande nahm Alois Miedl, ein zwielichtiger deutscher Bankier, der bis 1940 vor allem durch waghalsige Devisenspekulationen aufgefallen war, mit der Firma Goudstikker Kontakt auf. Miedl vermittelte am 13. Juli 1940 den Verkauf von etwa 600 Gemälden an Hermann Göring und erwarb selbst die Firma, mehrere Häuser und einen Teil der Gemälde der Goudstikkers. Über den Kaufpreis sind nach 1945 verschiedene widersprüchliche Angaben gemacht worden: er schwankt zwischen 2 Mio. hfl. und 5 Mio. hfl. Die komplizierten Geschäfte Miedls nach der «Arisierung» sind heute kaum noch nachzuvollziehen. Die Firma Goudstikker nahm 1944 Kredite in Höhe von 1,7 Mio. RM bei der Firma Shantung-Handels-AG auf, deren Vorstand Miedl war. Als Sicherheit hinterlegte er bei der Münchner Bank Witzig & Co. Teile der Kunstsammlung. Den Wechsel gab die Shantung-Handels-AG an die Deutsche Landvolkbank AG in Berlin weiter, die Miedl dafür weitere Kredite gewährte. So hatte Miedl aus einer Verschuldung Kapital geschlagen. Der Deal hatte aber noch weitere Vorteile: Er konnte damit verhindern, dass die niederländischen Behörden die Kunstwerke für die unbeglichenen Steuerschulden der Firma Goudstikker pfänden konnten, ausserdem gelang es ihm, die Kunstwerke an den Devisenbehörden vorbei ins Altreich zu transferieren. Ein weiterer Vorteil war für ihn, dass er für die Gemälde, die infolge von Luftangriffen zerstört wurden, Entschädigung vom Deutschen Reich fordern konnte, eine Möglichkeit, die nur deutschen Firmen offenstand, nicht den niederländischen. Deshalb übertrug er die Eigentumsrechte der zerstörten Gemälde an die Bank.

1944 siedelte Miedl mit seiner Familie nach Spanien über, um dort für sich und Göring Vermögenswerte im neutralen Ausland anzulegen. Der amerikanische Geheimdienst OSS spürte ihn dort auf, verhaftete und verhörte ihn. Im Hafen von Bilbao fand der OSS daraufhin zwölf Gemälde aus der Sammlung Goudstikker, die Miedl dort deponiert hatte. Gerüchte wurden laut, dass der Prado in Madrid bereits ein Kaufangebot gemacht habe. Auch in der Schweiz fand der OSS mehrere

Gemälde, die Miedl per Diplomatengepäck in ein Schliessfach der Schweizer Bankgesellschaft in Zürich gebracht hatte, darunter das Bild «Die Hochzeit von Kanaan» von Jan Steen, das Goudstikker gehört hatte.

Nach Kriegsende wurden 141 Gemälde der Firma Goudstikker, die diese am 13. Juli 1940 an Göring verkauft hatte, an die Niederlande restituiert. Der Gesamtumfang der Goudstikker-Restitutionen war jedoch erheblich grösser, bezog sich aber auf Gemälde, die die Firma nach der «Arisierung» zwischen 1940 und 1944 verkauft hatte. Miedl hatte nämlich die Firma keinesfalls aufgelöst, sondern die Kunsthandlung unter dem Namen Goudstikker weitergeführt, die nun den deutsch-niederländischen Kunstmarkt in beiden Richtungen bediente. Mindestens 550 weitere Gemälde und Teppiche durchliefen so die «arisierte» Firma Goudstikker. An einem Beispiel lässt sich verdeutlichen, wie verworren die Wege der Kunstwerke sein konnten. Die Firma Goudstikker verkaufte am 13. Juli 1940 das Ölgemälde mit dem Titel «Sturm über dem Haarlemer Meer», das 1642 von Jan van Goyen gemalt wurde, an Göring. 1944 bot sie Göring wiederum ein Gemälde an, einen Vermeer mit dem Titel «Christus und die Ehebrecherin», das sich später als Fälschung erwies. Göring wollte diesen Vermeer unbedingt haben und bot deshalb etwa 150 Gemälde aus seiner Sammlung zum Tausch an. Darunter befand sich das Gemälde von J. v. Goyen, das durch diesen Tausch wieder an die Firma Goudstikker ging. Sie verkaufte dieses Gemälde im selben Jahr an Hitler. Nach dem Zweiten Weltkrieg wurde es gefunden und an die Niederlande restituiert.

Die Übernahme der Firma Goudstikker durch Miedl 1940 war eine geradezu «klassische Arisierung». Zwar gehörte es zum Wesen eines Kunsthändlers, Kunstwerke zu verkaufen, jedoch hätten Goudstikker beziehungsweise seine Erben ohne den Einmarsch der Nationalsozialisten sicherlich nicht die ganze Firma mitsamt der Sammlung auf einen Schlag veräussert. Dies geschah nur, weil die Familie emigrieren musste und die weitere Entwicklung nicht mehr steuern konnte. Die Feststellung, dass es sich hier um einen verfolgungsbedingten Verkauf handelte, trifft aber nur auf den ersten Verkauf zu. Die nach der «Arisierung» verschobenen Gemälde stammten teils aus der Sammlung Goudstikker, teils aus dem deutsch-niederländischen Kunsthandel. Im Falle einer Restitution an die Erben Goudstikker müssten diese Unterschiede berücksichtigt werden.

Zurzeit verwalten die Niederlande noch 3709 Objekte aus Restitutionen, die sie nicht an die rechtmässigen Erben weitergeben konnten oder wollten. Bereits im Juni 1997 erfuhr die Öffentlichkeit in einem Artikel der «Volkskrant», dass die Rückgaben an die vor allem jüdischen Erben wohl nicht mit dem nötigen Eifer betrieben worden waren. Es mehren sich auch die Anzeichen dafür, dass niederländische Museen und Kunsthändler in den dreissiger Jahren auf dem Berliner Auktionsmarkt, der mit den wertvollen Kunstsammlungen zur Emigration gezwungener Juden geradezu überschwemmt war, sehr vorteilhaft eingekauft hatten. Diese Kunstwerke waren dann gegebenenfalls Teil der Beschlagnahmung oder der unrechtmässigen Erwerbung durch die Nationalsozialisten. Leider wurden diese historischen Hintergründe von den Alliierten nicht hinterfragt. Sie restituierten Kulturgüter, die nach dem Zeitpunkt der Besetzung aus den Niederlanden geraubt, geplündert oder unrechtmässig erworben worden waren, an die Niederlande, ohne zu prüfen, wann und wie diese Kunstwerke erworben worden waren. Belegt ist beispielsweise, dass das Gemcente-Museum in Den Haag häufig bei der Verauktionierung jüdischer Sammlungen im Dritten Reich mitbot, so bei der Versteigerung der Sammlung Emma Budge 1937 in Berlin und der Sammlung Oppenheim 1936 in München. Diese nachweisbaren Einkäufe sind sicherlich nur die Spitze des Eisberges in einem grundsätzlich unter der sichtbaren Oberfläche agierenden Gewerbe. Auf der Auktion der Sammlung des Textilfabrikanten Fritz Guggenheim in Berlin 1936, bei der sich die kunstsammelnde Nazi-Prominenz versammelte, wurden drei Gemälde von Salomon von Ruysdael, Caspar Netscher und J. van Huysum von dem niederländischen Kunsthändler de Boer ersteigert. Zwei zusammengehörige Gemälde auf dieser Auktion, die «Konsultation» und «C'est un fils» von Cornelis Troost, wurden für 7000 RM versteigert und gelangten später auf unbekannten Wegen in die Firma Goudstikker. Heute befinden sie sich in der Verwaltung des «Dienst voor's Rijks verspreide Kunstvoorwerpen» in 's-Gravenhage. In die entgegengesetzte Himmelsrichtung wanderte dagegen ein Porträt des Malers Fritz Werner von Adolph Menzel. Es wurde auf dieser Auktion von der Nationalgalerie Berlin erworben und später von der sowjetischen Trophäenkommission in die Eremitage in Petersburg verbracht, wo es sich noch heute befindet.

Anja Heuss

Es ist nicht alles deutsch, was glänzt

Die sowjetische Besatzung beschlagnahmte 1945 in Deutschland zahllose Kunstschätze. Unter dem geraubten Kulturgut befinden sich auch Kunstwerke, Bibliotheken und Archive, die bereits von den Nationalsozialisten im «Altreich» und in den besetzten Ländern beschlagnahmt worden waren. Immer noch ist zuwenig bekannt über das Ausmass dieser «doppelten Beute».

Viel wird zurzeit veröffentlicht über deutsche Kulturschätze, die von der ehemaligen Sowjetunion als Kriegsbeute beschlagnahmt wurden. Die Ausstellung «Das Gold von Troja» 1996 in Moskau hat deutlich gemacht, welch ungeheure Werte sich heute noch in Russland befinden. Zwei weitere Ausstellungen mit Gemälden und Graphiken aus den deutschen Privatsammlungen von Otto Gerstenberg, Bernhard Koehler und Otto Krebs in St. Petersburg haben den Eindruck verstärkt, dass es sich ausschliesslich um deutsche Kulturgüter handelt, die nach 1945 als «Kompensation» für das in der Sowjetunion begangene Unrecht beschlagnahmt wurden. Tatsächlich haben die sowjetischen Trophäenkommissionen auch Kunstwerke übernommen, die die Nationalsozialisten ihrerseits in den besetzten Ländern Europas oder aus jüdischen Sammlungen beschlagnahmt hatten. Auf dem Gebiet der späteren DDR, aber auch in Polen, der Tschechoslowakei und in der sowjetisch besetzten Zone Österreichs befanden sich zahlreiche Depots Rosenbergs, Hitlers, Görings und anderer «Sammler», die nicht durch Kriegseinwirkung zerstört wurden, sondern von der Roten Armee gefunden und verlagert wurden.

Das folgende Beispiel kann verdeutlichen, auf welchem Wege diese «Kettenreaktion» des Kunstraubes zustande kam. Beim Einmarsch in

Österreich im Jahre 1938 beschloss Hitler, ein Museum zu gründen, das seinen Sitz in seiner Jugendstadt Linz haben sollte. Den Grundstock zu diesem Museum bildeten u. a. die jüdischen Kunstsammlungen in Wien, die sogleich nach dem «Anschluss» Österreichs beschlagnahmt worden waren. Mit der Leitung des sogenannten «Führermuseums Linz» wurde der Direktor der Dresdner Gemäldegalerie, Hans Posse, beauftragt. Im Zuge der deutschen Eroberungen wurden zahlreiche weitere Kunstwerke für das «Führermuseum» beschlagnahmt oder unter Zwang erworben.

Bis zum Kriegsende sass die Leitung des «Führermuseums Linz» in Dresden. Die Gemälde wurden zwar sukzessive in Auslagerungsorte in Österreich verlagert, der Grossteil der Zeichnungen und Graphiken dagegen verblieb in Weesenstein bei Dresden. Unter den graphischen Beständen befanden sich zahlreiche Sammlungen, die aus Frankreich, Österreich und den Niederlanden stammten und teilweise jüdisches Eigentum waren. Durch umfangreiche Recherchen im Bundesarchiv Koblenz konnte nun geklärt werden, um welche Graphiken es sich im einzelnen handelte. In Weesenstein lagen beispielsweise 41 Originalradierungen von Rembrandt, darunter das sogenannte «Hundertguldenblatt», aus der jüdischen Sammlung Gutmann aus Wien. Ebenso wurde dort die Kupferstichsammlung des jüdischen Sanitätsrates Wilhelm Dosquet aus Berlin verwahrt. Sie enthielt über 200 kolorierte Kupferstiche des 18. Jahrhunderts, die ursprünglich aus dem Eigentum des sächsischen Königs Friedrich August II. stammten. Über das Auktionshaus C. G. Boerner in Leipzig war die Sammlung Dosquet 1941 für 225 000 RM an «Linz» verkauft worden. Nach der Aussage der Erbin, die den Holocaust überlebt hatte, wurde dieser Betrag nie an sie ausgezahlt.

Die bedeutendste Sammlung, die in Weesenstein deponiert wurde, war sicherlich diejenige des niederländischen Bankiers Franz Koenigs. Sie bestand aus 2000 Meisterzeichnungen, wurde schliesslich verpfändet und gelangte an den Kohlemagnaten van Beuningen in Rotterdam. Von diesen Beständen verkaufte van Beuningen 526 Zeichnungen an das «Führermuseum Linz», obwohl ein solcher Verkauf an die deutsche Besatzungsmacht nach holländischem Recht untersagt war. Über den

Auslagerungsort Weesenstein ist diese Sammlung nach Moskau gekommen, wo sie sich bis heute im Puschkin-Museum befindet. Lediglich 33 Zeichnungen wurden von der Trophäenkommission in Dresden zurückgelassen und 1987 von der DDR an die Niederlande zurückgegeben. Auch das Schweizer Auktionshaus Fischer in Luzern pflegte gute Geschäftsbeziehungen zum «Führermuseum Linz». Im Februar und März 1943 verkaufte die Galerie Fischer insgesamt 22 Kupferstiche über den Darmstädter Zwischenhändler Carl W. Buemming an das «Führermuseum Linz». Darunter befanden sich u. a. wichtige Blätter von Dürer, von Israel von Meckenem und Schongauer. Auch diese Kupferstiche, deren Provenienz bisher nicht geklärt werden konnte, wurden über Weesenstein in die Sowjetunion verlagert. Abtransportiert wurden aus Weesenstein ebenso die Verwaltungsakten des «Führermuseums Linz». Es gelang jedoch dem amerikanischen Kunstschutz, von der sowjetischen Besatzung die Genehmigung zur Einsicht und Verfilmung dieser Akten in Weesenstein zu erhalten. Die Papierabzüge dieses Filmes liegen heute im Bundesarchiv Koblenz, die Originalakten dagegen wurden nach Moskau gebracht und zunächst vom Puschkin-Museum in Moskau ausgewertet und dann an das sogenannte «Sonderarchiv» in Moskau abgegeben, wo sie – für jede Benutzung gesperrt – verwahrt werden.

In diesem «Sonderarchiv» des KGB, in dem ausschliesslich Akten figurieren, die von der sowjetischen Besatzung an verschiedenen Auslagerungsorten erbeutet wurden, finden sich zahlreiche historisch wertvolle Aktenkonvolute, welche die Nationalsozialisten in den besetzten Ländern und in Deutschland beschlagnahmt hatten. Es handelt sich dabei um die Bestände der Behörden, die massgeblich am Kunst- und Kulturraub beteiligt waren. Insbesondere das Reichssicherheitshauptamt, aber auch die verschiedenen Einsatzstäbe des Parteiideologen Rosenberg hatten systematisch Akten und Nachlässe sogenannter «Reichsfeinde», zu denen vor allem Juden, Sozialisten und Freimaurer gezählt wurden, gesammelt.

In grossem Umfang wurden Dokumente von jüdischen oder sozialistischen Personen beschlagnahmt, die aus Deutschland emigriert und nach Holland, Belgien und Frankreich geflohen waren. So wurden etwa die persönlichen Papiere und eine Spezialbibliothek zu Lichtenberg aus dem Eigentum des jüdischen Anwaltes Martin Domke in Frankreich beschlagnahmt. Seine persönlichen Papiere befinden sich heute im «Sonderarchiv»; der heutige Verbleib seiner Spezialbibliothek dagegen ist unbekannt. Nachweislich ist diese Bibliothek jedoch von einem Einsatzstab des Reichsleiters Rosenberg nach Ratibor in Oberschlesien verlagert worden, wo sie von den sowjetischen Truppen «übernommen» wurde.

Allein aus jüdischem Besitz in Deutschland befinden sich im Moskauer «Sonderarchiv» etwa 10 000 Akten, zu denen vor allem das Archiv der jüdischen Gemeinde in Berlin, Teile des Gesamtarchivs der deutschen Juden, rund 3000 Akten der jüdischen Loge Bne-Brith und der Nachlass von Walther Rathenau gehören. Ausserdem verwahrt das «Sonderarchiv» die Akten der jüdischen Gemeinden in Saloniki und Athen wie auch die Akten der französischen Polizei, die Aufschluss geben könnten über die Verfolgung der Juden in Frankreich. Die bereits eingeleitete Rückgabe der französischen Akten an Frankreich wurde im letzten Jahr, im Zuge der Auseinandersetzungen über dieses Thema in der russischen Öffentlichkeit, abgebrochen.

Der Gesamtumfang der doppelten Beute, die zuerst von den Nationalsozialisten beschlagnahmt und dann von der sowjetischen Besatzungsmacht abtransportiert wurde, lässt sich kaum abschätzen. Immer noch wissen wir viel zuwenig über die Plünderungen der einzelnen deutschen Kunstrauborganisationen und über deren hektische Verlagerungen in den letzten Monaten des Zweiten Weltkrieges. Daher ist es sehr schwer zu beurteilen, welche Beutebestände in den Einflussbereich der sowjetischen Besatzungsmacht gelangten. Die politischen und öffentlichen Diskussionen in Deutschland und Russland zum Thema «Beutekunst» sollten diesen Aspekt der «doppelten Plünderung» aber nicht unberücksichtigt lassen. Schon das Beispiel Weesenstein macht deutlich, dass die Frage der Rückführung von Beutekunst aus Russland ein Thema ist, das zahlreiche Interessen berühren muss und daher nicht zwischen Deutschland und Russland allein gelöst werden kann.

Eric Gujer

Moskau und die harte Haltung zur Beutekunst

Noch immer lagern in russischen Museen und Bibliotheken grosse Bestände an Kulturgütern, welche die Sowjetarmee in Deutschland nach Kriegsende zusammengerafft hatte. Bonn beharrt auf der Rückgabe der Gegenstände, ist aber zu Kompromissen bereit. Experten beider Seiten haben hierzu bereits Vorschläge ausgearbeitet. Doch nach einer kurzen Phase der Kooperation Anfang der neunziger Jahre hat Russland eine intransigente Haltung eingenommen. Das jüngst verabschiedete Gesetz über die Beutekunst, das Völkerrecht und bilaterale Verträge ignoriert, stellt einen neuen Tiefpunkt dar.

Hinter den schlichten Inventarnummern Sch 1009 bis Sch 6742 verbirgt sich ein Stück Nachkriegsgeschichte, das in seiner Mischung aus Schatzsuche, Okkupationswillkür, Wissenschaftskrimi und politischer Konfrontation im kalten Krieg seinesgleichen sucht. Nach Kriegsausbruch im September 1939 verstaute das Berliner Museum für Vor- und Frühgeschichte seine wertvollsten Exponate in drei Kisten. Unter ihnen befand sich auch der Schatz des Priamos, Heinrich Schliemanns Troja-Goldfunde, insgesamt 255 Positionen. Die Inventarnummer Sch 5875, das sogenannte Grosse Diadem, und die übrigen Gegenstände aus Gold, Silber und Bronze sollten erst 57 Jahre später wieder ausgestellt werden – dann aber in Moskau, während die Staatlichen Museen zu Berlin wie zum Hohn nur Photos der akribischen 33seitigen Packliste veröffentlichen konnten.

Am 31. Juni 1945, keine zwei Monate nach der deutschen Kapitulation, verliess ein Flugzeug mit besonderer Fracht Berlin in Richtung Moskau. An Bord befand sich Beutekunst aus deutschen Museen, unter anderem der Schatz des Priamos. Die Russen hatten ihn im Berliner

Flakturm am Zoo entdeckt, einer modernen Trutzburg aus Stahlbeton, wohin die drei Kisten im November 1941 gebracht worden waren. Dem Flugzeug folgten bis zum März 1946 noch mehrere Militärzüge, mit denen Spezialkommissionen der Armee deutsche (und von den Deutschen während des Kriegs in anderen Ländern gestohlene) Kunst in die Heimat schickten. Neben den offiziellen Transporten rafften insbesondere höhere Armeeführer, aber auch niedrigere Offizierschargen und einfache Soldaten Siegestrophäen zusammen.

Nach einer sowjetischen Aufstellung aus dem Jahr 1957 gelangten über 2,5 Millionen Kunstgegenstände von der einzelnen Münze bis zu den Reliefs des Pergamonaltars in die UdSSR. Betroffen waren staatliche Museen und Privatsammlungen in Ostpreussen, Schlesien, der russischen Besatzungszone und Berlin. Es traf auch Einrichtungen aus dem späteren Westdeutschland. Sie hatten wie die Bremer Kunsthalle das Pech gehabt, dass ihre Bestände während des Kriegs in den Osten ausgelagert worden waren. Es war einer der grössten Raubzüge der Geschichte. Er stand denen der Deutschen in den besetzten Gebieten in nichts nach – nicht nur hierin ähnelten sich die zwei totalitären Regime, von denen das eine jedoch wenigstens das moralische Recht des Angegriffenen auf seiner Seite hatte.

Während über die Abgänge aus deutschen Sammlungen einigermassen Klarheit besteht, ist umgekehrt ungewiss, welche Verluste Russland und andere ehemalige Sowjetrepubliken erlitten haben. Durch Feindeinwirkung und Kriegswirren sind viele Bestandslisten verlorengegangen; mitunter wurden hinter den Ural oder in andere Depots evakuierte Kunstwerke als zerstört gemeldet. Nachweislich haben die amerikanischen Besatzungsbehörden von Juni 1945 bis Januar 1948 rund eine halbe Million von ihnen in Deutschland beschlagnahmte Einzelstücke an die Sowjets ausgehändigt, die ausserdem selbst mit Erfolg nach Verschwundenem forschten.

Ende der fünfziger Jahre gab die Sowjetunion mehr als die Hälfte der verschleppten Museumsgüter an die DDR zurück, insgesamt 1,6 Millionen Objekte: Gemälde, Skulpturen, Drucke, Zeichnungen, Bücher,

Waffen, Münzen, Photographien, Exponate aus archäologischen und völkerkundlichen Sammlungen oder Kunstgewerbe – Schätze wie die der Dresdner Gemäldegalerie und des Grünen Gewölbes bildeten nur die Spitze eines Eisbergs. Ausgeschlossen von dieser Aktion blieben Stücke aus Privatkollektionen und westdeutschen Sammlungen. Danach wurde das Dossier Beutekunst, von der Rückführung einzelner Stücke abgesehen, geschlossen. Die sowjetischen Behörden leugneten schlicht, weitere Objekte aus Deutschland zu besitzen.

Laut Angaben des deutschen Innenministeriums vom Herbst 1996 befinden sich weiterhin eine Million Kunstgegenstände, davon 200 000 mit besonderem musealem Wert, 2 Millionen Bücher und mehrere Kilometer Archivgut in russischem Besitz. Trotzdem sollte man diese Zahlen nicht überbewerten: sie sagen nichts über die immensen qualitativen Unterschiede aus und beruhen überdies teilweise auf Schätzungen. Neben den in staatlichen Magazinen gelagerten Werken existiert ausserdem ein nicht zu überschauender Graumarkt. Er speist sich aus Stücken, die von Sowjetsoldaten unter der Hand mitgenommen wurden und anschliessend in Privatbesitz geblieben sind. Es finden sich darunter aber auch Stücke aus staatlichen Beständen, zumal nach Kriegsende vieles recht wahllos und schlecht dokumentiert in Provinzmuseen und -bibliotheken verschwand. Aus Deutschland stammende Kunst wird seit einiger Zeit vermehrt zum Kauf angeboten, zumeist in Russland, immer häufiger auch im westlichen Ausland.

Auch in andere frühere Republiken der Sowjetunion waren auf abenteuerlichen Wegen deutsche Museumsgüter gelangt. Georgien hat im Herbst letzten Jahres rund 100 000 Bücher an Deutschland zurückgegeben. Mit der Ukraine laufen ähnliche harzige Verhandlungen wie mit Moskau. Aus der Ukraine stammen zwei Drittel der von Deutschen in der Sowjetunion geraubten Kunst, welche die Amerikaner nach dem Krieg in Deutschland aufspürten und an die UdSSR zurückgaben. Kiew erlangte ähnlich wie Weissrussland viele der geretteten Werke nicht zurück, weil sie in Russland zurückbehalten wurden.

Dank Glasnost und Perestroika öffneten sich die Archive. Russische

Kunsthistoriker konnten 1991 die Existenz der Beutekunstbestände beweisen, und die Kulturbürokratie sah sich gezwungen, deren Vorhandensein widerstrebend zuzugeben. Die Eremitage in St. Petersburg und das Moskauer Puschkin-Museum – sie waren 1957 neben dem Kiewer Museum für westliche und östliche Kunst als Sammelstellen für die deutschen Kunstgegenstände bestimmt worden – haben unterdessen mit vier Beutekunstausstellungen die Flucht nach vorn angetreten. Zurückgegeben wurde allerdings nichts. Moskau betrachtete diese Kulturgüter als Kompensation für die eigenen Verluste. Die russischen Behörden verweigern sogar die Ausfuhrgenehmigung für rund 100 Zeichnungen und Drucke der Kunsthalle Bremen, die 1993 ein Privatmann der deutschen Botschaft in Moskau übergab.

Politisch und historisch ist die russische Forderung nach Reparationen in gewisser Weise nachzuvollziehen. Während des Krieges gegen die Sowjetunion zerstörten, beschädigten oder verschleppten die Deutschen unzählige Kunstwerke und architektonische Denkmäler, von denen das Bernsteinzimmer aus dem Schloss Zarskoje Selo bei St. Petersburg nur das bekannteste ist. Die Zerstörungen waren ideologisch motiviert und gingen weit über das in Kampfhandlungen unvermeidliche Mass hinaus. Das Unternehmen Barbarossa war von Hitler und seinen Helfershelfern nicht als konventioneller Feldzug, sondern als Versklavungs- und Vernichtungskrieg gegen die «slawischen Untermenschen» geplant. Die SS und andere Organisationen, aber auch die Wehrmacht verletzten auf sowjetischem Boden in jeder Hinsicht das Völkerrecht. Eine Argumentation, die allein die juristisch begründeten Rückgabeansprüche im Blick hat, ignoriert diese besondere Dimension des Kriegs. Um ihr gerecht zu werden, erfordert es die politische Bereitschaft zur Wiedergutmachung. Diese könnte auch in materiellem Ersatz, etwa der Überlassung von Kulturgütern, bestehen.

In jedem Fall sind Differenzierungen vonnöten. Im Hinblick auf das Troja-Gold etwa, das kein deutsches Kulturerbe ist und unter ebenfalls zweifelhaften Umständen nach Berlin gelangte, geht es letztlich weniger um den Aufenthaltsort als um die öffentliche Zugänglichkeit. Es verwundert, dass gerade sich liberal gebende deutsche Feuilletons bei der Bewertung der Kriegsfolgen mit zweierlei Ellen messen. Während etwa die Anerkennung der grossen Gebietsverluste oder der Schlussstrich unter die Vertreibung der Deutschen aus Osteuropa, etwa der Sudetendeutschen, zu Recht als Beiträge zur Völkerverständigung gewürdigt werden, wird ausgerechnet um die Beutekunst mit einem mitunter sehr verbissen anmutenden Eifer gestritten.

Ungleich problematischer ist jedoch die Haltung der Gegenseite. Moskau agiert einseitig und willkürlich, indem es sich Verhandlungen über allfällige Kompromisse in Einzelfragen entzieht. Zu ihnen ist Bonn willens, sofern hiervon nicht seine prinzipielle Rechtsposition tangiert wird. Die Arbeit der gemeinsamen Restitutionskommission kam nach einem Rückgabestopp des russischen Parlaments 1995 zum Erliegen. Man schafft Fakten und lässt Bonn nicht die Chance zu einer freiwilligen Geste des guten Willens. Und dies, obwohl die Bundesrepublik bereits Vorleistungen erbracht und 20 Millionen Mark zur Modernisierung russischer Bibliotheken aufgewendet hat. Moskau mauert selbst da, wo sich – und dies gilt für viele Objekte, die nicht wie der Schliemann-Schatz im Blickpunkt der Öffentlichkeit stehen – ein Interessenausgleich herbeiführen liesse. So könnten Archivalien etwa vor einer Rückgabe an Deutschland auf dessen Kosten mikroverfilmt werden. Im Hinblick auf die Bücher haben sich die Fachleute beider Seiten in der Restitutionskommission bereits im vergangenen Jahr auf einen gemeinsamen Vorschlag verständigt. Bücher, die mit wenigen Ausnahmen keine Unikate sind, könnten vorab zurückgegeben werden. Sie gehören zum kollektiven Gedächtnis Deutschlands, während sie in russischen Bibliotheken ein Fremdkörper sind. Oft wurden sie nicht einmal katalogisiert. Wertvolle Einzelstücke wie Manuskripte oder Inkunabeln hingegen blieben von der Rückführung einstweilen ausgeschlossen. Doch Moskau verhindert die Umsetzung dieses pragmatischen Vorschlags.

Auch wenn die Beutekunst nicht allein ein juristisches Problem darstellt, ist es doch stossend, mit welcher Hartnäckigkeit Moskau Völkerrecht und von ihm selbst geschlossene bilaterale Verträge ignoriert.

Nicht nur die Haager Landkriegsordnung von 1907 und andere internationale Abkommen verbieten den Kunstraub in Konflikten. Die Sowjetunion, deren Rechtsnachfolger Russland ist, unterzeichnete 1990 ebenso wie 1992 die dann souveräne Russische Föderation Verträge mit Deutschland, welche die Rückführung von Kulturgütern explizit vorsehen.

Doch dominieren in der russischen Politik nach einer kurzen Phase der Öffnung nach aussen wieder nationalistische Töne. Bisheriger Höhepunkt eines Vorgehens, welches sich um die eingegangenen Verpflichtungen nicht schert, ist das im Februar und März 1997 in beiden Häusern des Parlaments mit grossen Mehrheiten verabschiedete Gesetz über die Beutekunst. Mit der Ausnahme von Kirchengütern und Kollektionen aktiver Widerstandskämpfer gegen den Faschismus werden alle nach Russland verbrachten Gegenstände zu russischem Staatsbesitz erklärt. Eine Rückgabe wird kategorisch ausgeschlossen. Das Gesetz macht keinen Unterschied zwischen früherem Eigentum des Deutschen Reichs sowie anderer öffentlicher Körperschaften und Privatbesitz; nicht einmal Opfer des Nationalsozialismus – namentlich jüdisches Eigentum – werden ausgenommen.

Ginge es nur um die Kompensation der durch die Deutschen erlittenen Verluste, hätte Moskau längst die in den Nachkriegswirren nach Russland gelangten Kulturgüter anderer Staaten zurückgeben müssen. Sowohl der frühere Alliierte Frankreich als auch Ungarn, Polen, die Niederlande und Österreich (das die Alliierten 1943 in der Moskauer Deklaration als Opfer der nationalsozialistischen Aggression anerkannten) fordern noch immer die Restitution staatlichen oder privaten Besitzes. – Solche Detailfragen spielen indes in der innenpolitischen Debatte nur eine untergeordnete Rolle. Vielmehr herrscht in nationalkommunistischen Kreisen generell die diffuse Stimmung vor, Russland werde vom Westen isoliert und übervorteilt und habe daher das Recht, seine Interessen mit allen Mitteln zu sichern. Hier lässt sich durchaus ein Bogen schlagen von der Frage der Beutekunst bis zur Nato-Osterweiterung, die ähnliche Emotionen und Reaktionen provoziert. Ferner ist auf seiten der Befürworter des Gesetzes eine gehörige Portion Kalkül im Spiel, da sich heute für solche Parolen in der Öffentlichkeit leicht Unterstützung gewinnen lässt. Bezeichnenderweise stimmte Moskaus populistischer Bürgermeister Luschkow im Föderationsrat für die von Kommunisten eingebrachte Vorlage, die er früher abgelehnt hatte.

Diese Politik trifft sich mit der Grundhaltung der Kulturbürokratie, die sich in ihrer grossen Mehrheit nach 1945 gegen Rückgaben sträubte und missliebige Fakten abstritt. So leugnete die russische Seite noch letztes Jahr die amerikanischen Rückführungsaktionen, für die genaue amerikanische Bestandsprotokolle vorliegen. Der Forschungsstelle Osteuropa an der Universität Bremen ist es im Rahmen eines dreijährigen Forschungsprojektes gelungen, zusätzlich Listen der Sowjetischen Militäradministration in Deutschland (SMAD) zu erhalten, in denen dokumentiert ist, dass die SMAD die Kulturgüter zumeist im amerikanischen Collecting Point München erhalten hat, sie nach Berlin weiterleitete und von dort in die Sowjetunion transportierte.

Die SMAD-Archive sind jedoch auch heute nicht zugänglich; Ost und West führen die Diskussion um die Beutekunst mit einem sehr unterschiedlichen Mass an Offenheit. Schlüsselfiguren wie die Direktorin des Puschkin-Museums, Irina Antonowa, die sich schon unmittelbar nach Kriegsende als junge Kustodin mit geraubtem Kulturgut befasste, haben diese Praxis der Beutekunst stets verteidigt. Sie unternehmen alles, um ihre Bestände zu behalten. Speziell Antonowa lehnt mit gleichermassen aggressivem wie beleidigtem Unterton heute jede Stellungnahme zu dem Thema ab und behauptet, sie setze nur die Entscheidungen der politischen Instanzen um.

Laut der Verfassung muss Präsident Jelzin das Beutekunstgesetz innert zwei Wochen unterschreiben. Regierungsvertreter haben das Gesetz bereits kritisiert und auf dessen Schwachstellen hingewiesen; Jelzin steht unter aussenpolitischem Druck aus Bonn, nachdem Kanzler Kohl das Thema zur Chefsache erklärt und zuletzt im Januar bei seinem Besuch in Moskau angesprochen hat. Danach äusserte sich der Kanzler optimistisch, dass in diesem Jahr ein Konsens gefunden werden könne.

Verweigert der Präsident seine Unterschrift, können ihn die beiden Kammern nach der am Mittwoch ablaufenden Frist mit Zweidrittelmehrheit überstimmen. Sollte Jelzin das Gesetz dann immer noch nicht in Kraft setzen, entstünde ein verfassungsrechtliches Vakuum, da für diesen Fall klare Regelungen fehlen. Vermutlich wird Jelzin jedoch angesichts der verbreiteten nationalistischen Stimmung eine offene Konfrontation meiden und so lange als möglich auf Zeit spielen. Auch 52 Jahre nach Kriegsende bleibt der Streit um die nach Russland gelangte Beutekunst eine Fortsetzungsgeschichte.

Die Schweiz als Umschlagplatz
von deutscher Raubkunst

Georg Kreis
Die Schweiz und der Kunsthandel 1939-1945

Gegen Kriegsende wurde in ganz Europa nach verschleppter Raubkunst gefahndet. Dafür zuständig waren der von den USA und Grossbritannien gebildete Sonderstab MFAA zur Sicherstellung von Kunstschätzen («Monuments, Fine Arts and Archives») und die französische «Commission de récupération». Nachdem man in Paris festgestellt hatte, dass Spuren des illegalen Kunsthandels auch in die Schweiz führten, begab sich Douglas Cooper, ein als technischer Berater einer britischen Handelsmission getarnter britischer MFAA-Offizier, zu einer Inspektionstour in die Schweiz, wo er mit Anwälten, Amtsstellen, Kunsthändlern und Sammlern zahlreiche Gespräche führte. Von seiten der Alliierten wurde allerdings bemerkt, dass die Schweizerische Kunsthändlervereinigung ihren Mitgliedern verboten habe, freiwillig mit Informationen herauszurücken. Die Berichte, die dem Inspektor damals zur Verfügung standen, wie diejenigen, die in der Folge von ihm verfasst wurden, dürften eine Hauptquelle zur Rekonstruktion der damaligen Vorgänge und zur Einschätzung der im Herbst 1996 auch in diesem Bereich gegen die Schweiz erhobenen Vorwürfe sein.

Für den heutigen Kenntnisstand relativ neu, weil inzwischen längst wieder vergessen, ist die in der Zeit selbst bestens bekannte Tatsache, dass der Bundesrat nach dem Krieg die Rückgabe von in der Schweiz aufbewahrtem Raubgut – «bewegliche Sachen oder Wertpapiere» – veranlasst hatte. Obwohl bereits in der Phase des Abbaus des Vollmachtenregimes, nutzte der Bundesrat die verbliebenen ausserordentlichen Kompetenzen, um mit besonderen Massnahmen die Rückgabe entwendeter Vermögenswerte sicherzustellen. Der Beschluss vom 10. Dezember 1945 ordnete nicht nur die Rückgabe von Raubgut an, das aus kriegsbesetztem Gebiet stammte und sich jetzt in der Schweiz befand, er erklärte auch Verkaufsverträge für nichtig, die unter Täuschung und Furcht zustande gekommen waren.[1] Der Beschluss setzte in diesen Fällen das Zivilgesetzbuch Art. 932 ff. ausser Kraft, denn dieses sieht beim gutgläubigen Erwerb nur bedingt, zum Beispiel in einer Frist von fünf Jahren, eine Rückgabepflicht vor.

«Gutgläubigen Erwerbern» wurden Entschädigungen aus der Bundeskasse in Aussicht gestellt, sofern die «bösgläubigen Veräusserer» nicht belangt werden konnten. Berücksichtigung fanden Vorgänge aus der Zeit zwischen dem 1. September 1939 und dem 8. Mai 1945. Der Beschluss beanspruchte wegen des Zollunionsvertrags von 1913 Anwendung auch auf dem Gebiet des Fürstentums Liechtenstein. Über die Rückforderungsbegehren, die bis zum 31. Dezember 1947 eingereicht werden konnten, entschied ausschliesslich eine speziell zu diesem Zwecke gebildete dreiköpfige Kammer des Bundesgerichts. Die Dokumentation dieses breit angelegten und weitgehend in Vergessenheit geratenen Wiedergutmachungsverfahrens umfasst 803 Dossiers aus der Zeit vom Dezember 1948 bis Januar 1951. Das Kunstmuseum Bern diente, was man bis vor kurzem in diesem Haus offenbar ebenfalls nicht mehr gewusst hat, als eine Art Sammelstelle. Aus einer Liste kann man schliessen, dass über 70 Gemälde von etwa 12 in der Schweiz wohnhaften Besitzern den eigentlichen Eigentümern über Bern zurückerstattet worden sind. Zum Dank für die Abwicklung dieses heiklen Geschäfts durfte der damalige Direktor des Berner Kunstmuseums, Max Huggler, im Sommer 1948 aus Paul Rosenbergs Bestand das Gemälde «Der Hafen von Toulon» von Camille Corot für sein Museum entgegennehmen.

Am 22. Februar 1946 schob der Bundesrat in gleicher Sache einen weiteren Vollmachtenbeschluss nach, der eine Anzeigepflicht verordnete, eine Anzeigefrist verkündete und eine Strafe im Falle von Zuwiderhandlung (bis zu 12 Monaten Gefängnis) androhte. Der am 13. Dezember 1945 provisorisch in Kraft getretene und am 31. Dezember 1952 schliesslich wieder aufgehobene Vollmachtenbeschluss musste von den eidgenössischen Räten gutgeheissen werden.

Der Ständerat stimmte ihm am 19. März 1946 diskussionslos und einstimmig zu. Der Kommissionssprecher Emil Klöti (Sozialdemokratische Partei, Zürich) hatte allerdings im Namen der beiden Vollmachtenkommissionen und der explizit als Interessierte genannten Banken und Börsen beanstandet, dass die Schweiz anders als andere Staaten, zum Beispiel Holland oder Schweden, den «gutgläubigen» Erwerbern nur eine «billige» und nicht eine volle Entschädigung in Aussicht stellte. Im Falle von Gemälden wurde dies als noch angehend, im Falle von Wertpapieren aber als «bedenklich» gewertet. Auch der zweite Vollmachtenbeschluss kam durch, obwohl er als «sehr weit» gehend eingestuft wurde. Klöti versicherte, man sei mit dem Bundesrat und dem ganzen Volke willens, mitzuhelfen, dass das geraubte Gut wieder in die Hände der ursprünglichen Besitzer zurückgelange: «Wir möchten in keiner Weise den Verdacht aufkommen lassen, dass unser Land da irgendwelche Hehlerdienste leiste.» Im Nationalrat, der sich am 27. März 1946 damit befasste und wie der Ständerat entschied, war aus den genannten Vorbehalten die Kritik noch schärfer. Nationalrat François Perréard (Freisinnig-Demokratische Partei, Genf) sprach von einer «atteinte profonde à notre droit civil».

Der Vollmachtenbeschluss vom 10. Dezember 1945 war allerdings auf Druck der Alliierten zustande gekommen. Klöti erklärte im Ständerat, der Beschluss sei «nicht aus eigenem Antrieb» gefasst worden, es handle sich um die Erfüllung einer Verpflichtung, die am 8. März 1945 im sogenannten Currie-Abkommen gegenüber Grossbritannien, den Vereinigten Staaten und Frankreich eingegangen worden sei. Der Bundesrat hatte sich verpflichtet, im Rahmen des Gesetzes und besonderer Bestimmungen dafür zu sorgen, dass in der Schweiz und im Fürstentum befindliche «biens pris pendant la guerre illégalement ou sous l'empire de la crainte» zurückerstattet würden. Er forderte die Staaten auf, ihm Listen von verschlepptem Gut zusammenzustellen, wobei er aber mehr an das «patrimoine» im öffentlichen Besitz der Länder (Museen) dachte als an Privatbesitz irgendwelcher Natur.

Die Westmächte hatten nach Coopers Schilderungen einige Mühe, die Schweiz davon zu überzeugen, dass sie für die Wiedergutmachung eine gesamtschweizerische Stelle schaffen sollte. Zunächst erklärte man ihnen, dass sie private schweizerische Rechtsvertreter nehmen und ihre Forderungen vor kantonale Gerichte bringen müssten. Den Hinweis, dass Schweden einen Zentralausschuss für gestohlenes Gut eingerichtet habe, parierte man schweizerischerseits mit der Bemerkung, Schweden sei im Gegensatz zur Schweiz eben nicht föderalistisch organisiert.

Die Schweiz spielte in den Jahren 1939–1945 als Umschlagplatz sowie als Fluchtstätte im internationalen Kunsthandel eine nicht unerhebliche Rolle. Die unmittelbare Nachbarschaft zu den Achsenmächten und die intakt gebliebene Weltverbundenheit dürften die Drehscheibenfunktion verstärkt haben. Auf Grund der 1994 erschienenen Studie von Lynn H. Nicholas, der auch einige Details zu Coopers Inspektionsreise entnommen sind, gewinnt man den Eindruck, dass der Kunsthandel in den von Deutschland besetzten Gebieten, insbesondere in den Niederlanden und in Frankreich, wesentlich grössere Dimensionen gehabt habe, dass die Schweiz jedoch für diesen Handel ein Absatzgebiet gewesen sei.[2] Nicholas macht als zurzeit wohl beste Kennerin der Materie mit ihrer Gesamtdarstellung eine Einordnung der schweizerischen Vorgänge in das gesamte Problemfeld möglich und legt eine erhebliche Relativierung von deren Bedeutung nahe. Alles in allem spielte die Schweiz nach dieser Darstellung eine doch ziemlich untergeordnete Rolle.

Heute dominiert die Vorstellung, dass die Schweiz vor allem ein Hort für Fluchtgut zweifelhafter Herkunft gewesen sei. Ganz in diese Richtung ging der Bericht des britischen «Daily Telegraph» vom Herbst 1996, wonach jüngst freigegebene Dokumente zeigen würden, dass aus jüdischem Besitz gestohlene Kunstschätze im Wert von 3 bis 15 Mia. £ von den Nationalsozialisten in die Schweiz geschafft worden, dann grösstenteils in den Besitz der schweizerischen Regierung gelangt und schliesslich dem schweizerischen Kunsthandel zugefallen seien (vgl. NZZ Nr. 221 vom 23. 9. 1996). Der Realitätsgehalt dieses – publizistisch im übrigen nicht weiter ausgeschlachteten – Berichts dürfte gering sein.

Eine Geschichte, die in ihrer Zeit sehr viel Aufsehen erregt hat, prägte zu einem erheblichen Teil das Image der Schweiz, was aber nicht heisst, dass es sich damit auch um einen Fall von breiterer Repräsentativität handelte. Der für seine Lieferungen an das Dritte Reich bekannte Waffenfabrikant und Kunstsammler Emil G. Bührle hatte während des Krieges vom Luzerner Kunsthändler Theodor Fischer 12 Gemälde gekauft, die sich als gestohlen erwiesen, darunter einige aus der von der deutschen Besatzungsmacht konfiszierten beziehungsweise geplünderten Pariser Sammlung von Paul Rosenberg. Nicholas zitiert Cooper, der bei Fischer 31 aus französischen Sammlungen geraubte Bilder vorgefunden und im übrigen festgestellt haben soll, dass Fischer auch nach Südamerika verkauft und dem Basler Kunstmuseum einen Seurat angeboten habe, letzteres allerdings ohne Erfolg, weil man das Bild als gestohlenes Gut abgelehnt habe.

Im Herbst 1945 entbrannte ein Streit um die Frage, inwieweit Bührle ein «gutgläubiger» Käufer und Fischer ein «bösgläubiger» Verkäufer gewesen sei, über die Art und die Höhe der Rosenberg zu entrichtenden Entschädigung sowie die Frage, ob die Sache unter der Hand oder unter Einschaltung der Regierung geregelt werden solle. Rosenberg musste unter schwierigen Umständen klagen, erhielt aber am 3. Juni 1948 vom Bundesgericht recht. 77 gestohlene Werke mussten Rosenberg und anderen früheren Besitzern zurückgegeben werden. Nachdem Rosenberg den Streit gewonnen hatte, verkaufte er allerdings die fraglichen Bilder und viele weitere an seinen vormaligen Prozessgegner Bührle, der sie nun diskret als «1951 aus französischer Privatsammlung erworben» anschreiben liess. Im Juli 1951 führte Bührle mit Erfolg einen Regressionsprozess gegen Fischer und die Eidgenossenschaft und erhielt über eine halbe Million Franken zuzüglich Zinsen ab 1948 zugesprochen. Fischer wollte ebenfalls Gutgläubigkeit für sich beanspruchen und erwartete darum auch eine Entschädigung vom Bund. Das Bundesgericht hielt in seinem Urteil vom 25. Juni 1952 Fischers Bösgläubigkeit zwar für deutlich erwiesen, sprach ihm aber trotzdem eine Entschädigung von 200 000 Franken zu. 1958 folgte schliesslich ein weiterer

Rechtsstreit, weil Fischer an einer von Deutschland der Schweiz bezahlten Entschädigung partizipieren wollte. Die Geschichte dieser Händel ist bereits 1993 vom Historiker Thomas Buomberger in einem Fernsehfilm verarbeitet worden. Als die Tochter Hortense Anda-Bührle 1990/91 zum 100. Geburtstag ihres Vaters einen Teil der Sammlung auf Welttournee schickte, entfachte sich erneut eine Diskussion. Der Katalog der Ausstellung in der National Gallery in Washington bemerkte – mit Blick auf die betreffenden Gemälde – mit erstaunlicher Unverfrorenheit, beim Sammler habe sich schon Ende des Krieges ein neues Kauffieber gezeigt und: «Diese stattliche Reihe dokumentiert den unstillbaren Drang nach Malerei und nach lebendiger Auseinandersetzung mit Kunst».

Angesichts der grossen Publizität der Schattenseiten darf – nicht im Sinne einer Verrechnung beider Seiten, sondern im Sinne einer Vervollständigung des Bildes – die andere Funktion der schweizerischen Sonderposition, nämlich die eines Asylortes, nicht übersehen werden. Die Kunsthistorikerin Stephanie Barron vom Los Angeles County Museum of Art würdigte 1991 das Faktum, dass die Schweiz damals ein Hafen für Künstler und Sammler («collectors, who emigrated to keep their collections intact») sowie Sammlungen geworden sei.[3] Der bekannteste Fall, der die Schutzfunktion der Schweiz in jenen Jahren sichtbar macht, bildete die temporäre Aufbewahrung der von den Wirrnissen des Spanischen Bürgerkrieges bedrohten Prado-Sammlung. Sie wurde vor ihrer Rückführung im Juni/August 1939 in Genf ausgestellt. Daneben gibt es mehrere Fälle von nicht öffentlich bekannten und dem Diskretionsschutz unterstehenden Deposita an privaten Orten und in öffentlichen Sammlungen, wo einzelne Privatobjekte oder grössere Kollektionen zumeist ohne Magazinierungskosten während des Krieges aufbewahrt wurden.

Daneben gab es bekannte und weniger bekannte Einzelschicksale von Emigranten, für die, wie Barron darlegte, die Schweiz eben zum rettenden Hafen wurde. Ein eher bekanntes Schicksal ist dasjenige von Robert von Hirsch, der seine erstklassige Sammlung 1933 von Frankfurt nach Basel transferierte und das Recht der Ausfuhr mit einem Geschenk an Hermann Göring – Cranachs «Urteil des Paris» – erkaufte. Das Bild gelangte nach 1945 wieder in den Besitz des vormaligen Eigentümers, der es später dem Kunstmuseum Basel vermachte. Einen weniger bekannten Fall bildete dagegen das Schicksal des niederländischen Kunsthändlers Nathan Katz, der sich und seine Familie mit mehreren Bildern vor dem Zugriff der nationalsozialistischen Vernichtungsmaschinerie freikaufte und über schweizerische Vermittlung (die Witwe des vormals in Holland tätig gewesenen Konsuls Otto Lanz) 1941 in die Schweiz fliehen konnte. Fritz Nathan, der Kunsthändler und spätere Berater der Sammler Emil G. Bührle in Zürich und Oskar Reinhart in Winterthur, war schon 1936 von München gekommen und hatte sich in St. Gallen niedergelassen. Von einem dem Autor bekannten Sammler stammt der Bericht, Frau von Pannwitz habe einige erstklassige Bilder Hermann Göring – gegen einen rechten Preis – nur überlassen, sofern dieser ihr die Ausreise von Holland nach der Schweiz unter Mitnahme eines Teils des Vermögens gestatte. Der Reichsmarschall habe dem Wunsch entsprochen, aber – der Zeitpunkt ist nicht überliefert – bemerkt, es sei ein Irrtum zu meinen, dass man in der Schweiz sicherer sei als in Holland.

Es ist denkbar, dass analog zum Vorgang, der letztlich zu «nachrichtenlosen» Vermögen führte, statt Devisen und Wertschriften auch Kunstobjekte zur Aufbewahrung in die Schweiz gebracht und schliesslich nicht mehr abgeholt wurden. Eine Abklärung der Frage, ob es «nachrichtenlose» Deposita dieser Art gibt, müsste Firmen einbeziehen, die auf Lagerhaltungen spezialisiert sind. Da solche Aufbewahrungen aufwendig sind und viele Firmen in den vergangenen 50 Jahren einen Umbau oder Umzug erfahren haben, ist die Wahrscheinlichkeit, hier erblose Objekte zu finden, jedoch gering. Kunstobjekte, sofern es sich nicht um Schmuck handelte, dürften auch eher privaten Bekannten anvertraut oder gleich verkauft worden sein.

Die Drehscheibenfunktion der Schweiz ist durch einen weiteren sehr prominenten und entsprechend bekannten Fall belegt: Die Luzerner

Galerie Fischer bot am 30. Juni 1939 insgesamt 125 Gemälde und Plastiken «moderner Meister aus deutschen Museen» zur Versteigerung an. Zu diesem Verkaufsangebot war es gekommen, nachdem die als «entartet» eingestufte Kunst 1936/37 in deutschen Museen beschlagnahmt und in einer Hauptausstellung in München und in mehreren Wanderausstellungen gewissermassen zur Abschreckung dem eigenen Volk gezeigt worden war.[4] Mit dem Verkauf ins Ausland wollte man nach dem propagandistischen auch noch einen finanziellen Ertrag erzielen.

Stephanie Barron, die Zugang zu den Akten der Galerie Fischer hatte, veröffentlichte im bereits erwähnten Band von 1991 eine detaillierte Übersicht, welche von jedem der angebotenen Werke die Herkunft aufführt. Dank dieser Dokumentation lässt sich prüfen, ob ausser dem beschlagnahmten Gut aus offiziellem Besitz (Museen) und offiziösem Besitz (Kunsthallen) auch Raubgut aus Privatbesitz angeboten wurde. Letzteres ist offenbar nicht der Fall. Grenzfälle könnten Geschenke oder Leihgaben gewesen sein, insofern als über diese nicht hätte «frei» verfügt werden dürfen. Wie auch Nicholas überliefert, fanden Walter und Marianne Feilchenfeldt so in Luzern ein Bild von Kokoschka wieder, das sie der Nationalgalerie in Berlin geschenkt hatten. Alles in allem handelte es sich jedoch um einen mit Ad-hoc-Legifierierung legitimierten Raub an sich selber und nicht um eine Transaktion, die unter die gegenwärtige Wiedergutmachungsaktion fällt.

Die Auktion war in der Zeit aus verschiedenen Gründen umstritten. Für die Tätigung von Ankäufen gab es aber auch ehrenwerte Gründe. Barron übt in ihrer Darstellung keine Kritik an den Käufen von 1939. Die meisten Verkäufe gingen an Private und davon der grösste Teil nach den Vereinigten Staaten, nur wenig gelangte in öffentliche Kunstsammlungen, insbesondere die von Liège und Basel. Ein Motiv neben anderen war, diese europäischen Kunstwerke in Europa zu behalten und der Öffentlichkeit zu erhalten, statt sie nach Amerika und da vor allem in Privatbesitz verschwinden zu lassen.

Das war auch das Hauptmotiv für die Erwerbungen, die damals

das Kunstmuseum Basel in Luzern tätigte. Das Besondere dieser Ankäufe besteht darin, dass das baselstädtische Kantonsparlament im Hinblick auf die Luzerner Auktion einen speziellen Ankaufskredit bewilligte. Zum Ärger des Luzerner Auktionators kaufte der Museumsdirektor Georg Schmidt jedoch auch aus Berliner Lagerbeständen. Ein wichtiger Teil der in Deutschland konfiszierten «Entarteten Kunst» wurde von offiziellen Zwischenhändlern direkt und wiederum zu einem grossen Teil nach den Vereinigten Staaten verkauft. Diese wenig bekannte Seite der Verwertungsaktion relativiert ebenfalls die gerne überschätzte Bedeutung der Drehscheibenfunktion der Schweiz. Für die Basler Kunstsammlung steht im übrigen fest, dass keines der 21 angekauften Objekte aus Privatbesitz stammt. Neben dieser spektakulären Auktion dürfte es zahlreiche und weitgehend unbekannte Fälle von einzelnen Verkäufen und Käufen gegeben haben. Ein in seiner Exemplarität interessanter Fall ist der vom Berner Kunstmuseum mit öffentlichen Geldern 1941 getätigte Kauf eines Gemäldes von Gustave Courbet, das, 1940 noch im Besitz der Pariser Galerie Wildenstein, über den deutschen Kunsthändler und Hitler-Lieferanten Karl Haberstock und dessen Schweizer Kollegen Fischer (Luzern) und Raeber (Basel) nach Bern gelangt war. Weil Wildensteins Galerie im Rufe stand, von sich aus selbst mit Okkupanten gehandelt zu haben, und auf der anderen Seite Gutgläubigkeit nachgewiesen werden konnte, beurteilte das Berner Appellationsgericht 1952 den Kauf für Rechtens. Glaubwürdigkeit wurde zugebilligt, sofern der Handel nicht später als im Jahr 1941 abgewickelt worden war. Zudem war es im Kunsthandel unüblich, dem Käufer die Herkunft beziehungsweise den früheren Besitzer zu nennen.

Nicholas legt in ihrer Untersuchung eindrücklich dar, dass und wie die Kriegswirren und die damit verbundene Infragestellung der zivilrechtlichen Ordnung dem Kunsthandel enormen Auftrieb gaben. Dieser Handel war, auch wenn er zu einem grossen Teil von individuellen Notlagen lebte, erstens für diese Not nicht primär verantwortlich, und zweitens muss er diese auch nicht verschärft, sondern könnte sie unter

Umständen insofern auch gelindert haben, als er den Verfolgten mitunter die Möglichkeit gab, sich Mittel zum physischen Überleben zu verschaffen. Auch in der Schweiz und über die Schweiz sind wohl zahlreiche Einzelverkäufe und -käufe dieser Art abgewickelt worden. Dies kann aber nur beurteilt werden, wenn man jeweils die konkreten Umstände kennt.

[1] Amtl. Sammlung AS 61, S. 1052 ff., Bereinigte Sammlung 10, S. 776 ff.
[2] Lynn Nicholas: Der Raub der Europa. Das Schicksal europäischer Kunstwerke im Dritten Reich. Kindler, München 1995 (amerikanische Originalausgabe 1994).
[3] Degenerate Art. The Fate of the Avant-Garde in Nazi Germany. Hg. v. Stephanie Barron. Los Angeles 1991.
[4] Georg Kreis: «Entartete» Kunst für Basel. Die Herausforderung von 1939. Basel 1990.

Matthias Frehner

Deutsche Raubkunst in der Schweiz: Täter, Verführte, Aufarbeitung

Ab 1941 wurde deutsche Raubkunst in der Schweiz gehandelt: Theodor Fischer, der 1939 in seiner Luzerner Galerie für die deutsche «Verwertungskommission» bereits «entartete» Kunst verauktioniert hatte, war zugleich ein wichtiger Lieferant für die Sammlungen von Göring und Hitler. Ab Mai 1941 wurden infolge der deutschen Devisenknappheit vermehrt Tauschgeschäfte abgewickelt: Görings Galeriedirektor Hofer gab Fischer von Juden enteignetes Kunstgut an Zahlung. Neuentdeckte Unterlagen machen seine Transaktionen transparent und zeigen auf, dass weitere Händler Raubkunst importierten und verkauften.

Die Auswertung einer bisher erst auszugsweise bekannten Liste aller durch Bundesgerichtsurteile restituierten Kunstwerke erlaubt zusammen mit weiteren Dokumenten eine präzisere Darstellung der Aktivitäten von Schweizer Kunsthändlern, die ab 1941 in Raubkunstgeschäfte verwickelt waren. Das Dokument stammt aus der Sammelstelle in Bern, von der aus die Bilder zurückgegeben wurden. Aus der hier wiedergegebenen Liste sind die Namen der meist französischen Eigentümer ersichtlich, deren Bilder vom ERR (Einsatzstab Reichsleiter Rosenberg) beschlagnahmt worden waren. Wir verzichten auf die Namen der Schweizer Käufer, die am Schluss des Krieges im Besitz von Raubkunst waren, da viele von ihnen in renommierten Galerien gekauft hatten und nach Bekanntwerden der wahren Verhältnisse die betreffenden Gemälde ohne Einwände zur Verfügung stellten. Es ist jedoch zu erwähnen, dass darunter erstaunlich viele renommierte Sammlerpersönlichkeiten figurieren. Benannt werden hingegen alle Händler, deren Kreis doch weiter ist als bisher angenommen. Ihre Schuld ist grösser als die der Sammler. Kunstkäufer müssen sich zu jeder Zeit Gedanken machen über die Provenienz dessen, was sie erwerben. Händler sind dazu verpflichtet, sie machen sich sonst zu Hehlern.

In den späten vierziger Jahren entschied das Bundesgericht über eine Reihe von Raubkunstklagen, welche jüdische «Eigentümer» gegen die Schweizer «Besitzer» ihrer Werke angestrebt hatten. Hauptkläger war der Pariser Kunsthändler Paul Rosenberg, der 40 Gemälde zurückverlangte, Hauptangeklagter der Luzerner Kunsthändler Theodor Fischer, in dessen Lager 39 noch nicht verkaufte Gemälde aus dem NS-Kunstraub sichergestellt worden waren. Vier kleinere Händler anerkannten Rosenbergs Forderung und gaben ihre Bilder zurück. Gegen acht Besitzer kam es zum Prozess. Am vehementesten verteidigte sich dabei Fischer.

Die Amerikanerin Lynn H. Nicholas, eine der besten Kennerinnen des NS-Kunstraubs, kommentierte 1994 die Haltung der acht uneinsichtigen Besitzer (Fischer, Luzern; Fritz Trüssel, Bern; Emil Bührle, Zürich; Berta Coninx-Girardet, Zürich; André Martin, Zürich; Pierre Dubied, Neuenburg; Alois Miedl, Madrid; Henri-Louis Mermod, Lausanne), gegen die Paul Rosenberg 1947 prozessierte, mit scharfen Worten: «Die Verteidigung war viel schlimmer als das Verbrechen selbst. Keiner der Angeklagten leugnete, wissentlich gestohlenes Gut angekauft zu haben, sondern sie versuchten vielmehr, Rosenbergs Anspruch auf die Gemälde mit der Begründung anzufechten, die Beschlagnahmungen seien mit der Zustimmung der zu jener Zeit rechtmässigen Regierung Frankreichs erfolgt.» – Die willkürlichen Gesetze der Vichy-Regierung waren nichts als eine faule Ausrede: Mit Hilfe der französischen Commission de Récupération war es Rosenberg möglich, die Unterlagen der Nazi-Beschlagnahmungen – mehr als 400 Werke hatten die Rosenbergs aus ihrem Handel und ihrer Privatsammlung insgesamt verloren – vorzulegen. Am 3. Juni 1948 hiess das Bundesgericht seine Klage gut. Max Huggler, Konservator des Berner Kunstmuseums, hatte in seinem Haus im Auftrag des Bundesgerichtes alle 77 Gemälde, für die Ansprüche ausländischer Eigentümer vorlagen, von den damaligen Besitzern in Verwahrung genommen. Huggler war bereits Anfang 1945 Douglas

Cooper bei seinen Nachforschungen im Auftrag des MFAA (Monuments, Fine Arts and Archives) über NS-Raubkunst in der Schweiz behilflich gewesen. Alle diese Bilder wurden vom Bundesgericht den ursprünglichen Eigentümern zuerkannt. Bührle konnte sich mit Rosenberg dahingehend einigen, dass er die betreffenden Werke ein zweites Mal kaufte. Sie sind in den Bestandeskatalogen der Bührle-Stiftung an der Herkunftsbezeichnung «erworben 1951 aus französischem Privatbesitz» zu erkennen.

Emil Bührle legte im Verlauf des von ihm angestrebten Regressionsprozesses offen, wie er bei Fischer Kunde von Bildern geworden war, die sich später als Raubkunst herausstellten: «Mit der Galerie Fischer habe ich Beziehungen seit den dreissiger Jahren. In jener Vorkriegszeit, nämlich anlässlich einer Auktion sogenannter entarteter Kunst im Jahre 1939 bei Fischer, beabsichtigte ich, einen van Gogh [‹Selbstporträt›, 1888, aus der Neuen Staatsgalerie München; der Verfasser] zu kaufen. Ich bekam das Bild aber nicht, weil jemand mich überboten hatte. Mit Bildern von Impressionisten war sonst Herr Fischer nie besonders gut besetzt. Die Bilder, die er auf Auktionen brachte, entsprachen nicht ganz dem Niveau meiner Sammlung. Die Käufe während des Krieges begannen wohl ungefähr 1941» (Verhandlung vom 18./19. Dezember 1950).

Seit Mai 1941 verfügte Fischer, der zuvor kaum je Spitzenwerke neuerer Kunst offerieren konnte, plötzlich – trotz geschlossenen Landesgrenzen – über ein international erstklassiges Angebot impressionistischer Kunst (Nr. 1 bis 25). Alle diese Bilder stammten nicht aus Schweizer Sammlungen, die potentiellen Käufern bekannt gewesen wären. Fischer nahm diese Werke, abgesehen von ein paar unverdächtigen Ausnahmen, nicht in seine Auktionen auf. Er bot sie vielmehr direkt Händlerkollegen und ausgewählten Sammlern an. Weshalb diese Zurückhaltung? Diese Frage stellten sich die Käufer offensichtlich nicht. Oder sie liessen sich vom scheinheiligsten aller Kunsthändlerargumente überzeugen, welches besagt, dass der Verkäufer zwar bereits ein sehr hohes Angebot habe, dass er aber gerade dieses wichtige Bild lieber einem wahren Sammler günstig gebe als einem Nouveau riche zu einem besseren Preis. Wie kam Fischer zu diesen Werken? Generell sicher aus seinen sehr guten Kontakten zu den führenden Persönlichkeiten des in Deutschland in Raubkunst involvierten Kreises. Als Verkäufer «entarteter» Kunst hatte er sich bewährt, mit Hitlers Kunsthändler Karl Haberstock unterhielt er enge Kontakte, und der Galeriedirektor Görings, Walter Hofer, kaufte seit 1940 im grossen Stil bei ihm ein. Fischer genoss sein uneingeschränktes Vertrauen. Nur so ist es zu erklären, dass Fischer ihm zu hohen Preisen mehrheitlich Werkstattbilder und Zuschreibungen als grosse Namen verkaufen konnte, insgesamt 46 Werke.

Hofer kaufte daneben u. a. aber auch bei den Zürcher Händlern Dreyfus, Giese, Schmidlin und in Lausanne bei Vallotton; sein wichtigster Partner neben Fischer war jedoch der Deutsche Hans Wendland, ein promovierter Kunsthistoriker, der als Kunsthändler international tätig war und Fischer seit 1920 kannte. Wendland reiste während des Zweiten Weltkriegs von der Schweiz aus ständig ins Ausland. Er war einer der wichtigsten Lieferanten von Hofer. Wendland wird als eine ebenso kultivierte wie einnehmende Persönlichkeit beschrieben, die auch das Vertrauen von Bührle genoss. Während des Krieges konnte er als Deutscher in der Schweiz nicht handeln, er kaufte nun aber für Fischer im Ausland ein und beteiligte sich so an dessen Geschäften. Von Paris aus lieferte er auch Hofer wichtige Werke – Boucher, Dürer, Cranach, Tiepolo, van Goyen, Gobelins – für Görings Sammlung.

Am 2. März 1941 tätigte Hofer erneut einen Grosseinkauf bei Fischer für 153 000 Franken. Er blieb diesen Betrag jedoch schuldig. Fischers Rechnungen waren in Schweizerfranken zu begleichen, die in Deutschland als kriegswichtige Devisen knapp geworden waren. Wendland schilderte 1950 im Regressionsprozess Bührle/Raeber gegen Fischer/Eidgenossenschaft als Zeuge die Situation wie folgt: «Eines Tages kam Fischer zu mir an die Haldenstrasse in Luzern. Er erklärte mir, dass Hofer nicht bezahle, trotz wiederholter Mahnung. Er lade ihn ein, nach Berlin zu kommen, da er schöne Bilder habe. (...) Wenn ich nach Paris gehe, könne ich ja die Bilder ansehen. (...) Ich kam allein in Berlin an und fand bei Hofer eine lange Reihe von Bildern. Ich war begeistert davon, telefonierte sofort nach Luzern und teilte Fischer mit, dass es sich um wunderschöne Bilder handle und dass ich zur Übernahme rate. (...) Ich konnte vermuten, dass die Bilder von Göring kamen.» Derweil schrieb Hofer an Göring am 7. Juli 1941: «Die zum Tausch mit Fischer bestimmten französischen Bilder des 19. Jhrdts. aus dem Depot Neuschwanstein sind inzwischen hier eingetroffen. (...) Er ist bereit, Sfr. 151000 dafür zu bezahlen. Seine Rechnung für die am 02.03.1941 gelieferten Bilder, die ich nachstehend aufführe, macht Sfr. 153000 aus, so dass sich ein glatter Austausch ergeben würde. (...) Ich würde zu diesem Austausch unbedingt raten, da sich bei den französischen Bildern einige sehr belanglose Bilder, teilweise auch Zeichnungen, befinden, während es sich bei den Fischer-Objekten durchweg um erstklassige, hervorragend erhaltene, frühdeutsche Werke, zumeist von Cranach, handelt, für die ihm Haberstock heute mit Vergnügen weit höhere Preise zahlt, wenn wir sie nicht erwerben.» Der Hinweis, Haberstock könnte Fischers Bilder für Hitlers Führermuseum kaufen, genügte: Göring war einverstanden. Die beschlagnahmten Bilder, die Göring zu Tauschzwecken vom ERR-Depot im Schloss Neuschwanstein nach Berlin kommen liess, gingen an Fischer. Dieser erhielt von der «Reichskammer für Bildende Kunst» eine offizielle Exportbewilligung. Für Fischer ein Bombengeschäft: vier französische Meisterwerke von Corot bis Renoir gegen einen «Frühdeutschen» (Nr. 1–25).

An einem zweiten Tauschgeschäft waren Wendland und Fischer gemeinsam beteiligt. Hofer erhielt im November 1941 von Wendland einen «Rembrandt» («Bildnis eines alten Mannes mit Bart», um 1660) sowie zwei bedeutende Tapisserien nach Kartons von Lucas van Leyden. Nachdem Göring wiederum mit dem Argument, Haberstock zahle für Hitler mehr, unter Druck gesetzt worden war, erhielt Wendland zusätzlich 250000 Franken in bar zu den 27 Werken und Zeichnungen von Ingres bis Seurat und van Gogh, die er selbst in Berlin auswählen konnte (Nr. 26 bis 50, 76, 77). Da Wendland die Gemälde nicht selber in die

Schweiz importieren konnte, wurden sie als Diplomatengepäck im April 1942 in die deutsche Botschaft in Bern gesandt. Hofer brachte sie von da persönlich nach Luzern, wo die Übergabe der Kisten an Wendland und Fischer – wie Thomas Buomberger aufgezeigt hat – im Hotel National erfolgte.

Der dritte Tausch, den Fischer und Hofer wiederum gemeinsam abwickelten, wurde im April 1942 abgeschlossen: drei Tapisserien mit Szenen aus dem Leben Scipios gegen je einen Corot, Monet und Sisley (Nr. 51 bis 53). Weiter kamen von einem Tauschgeschäft, das Wendland und der Pariser Händler Rochlitz mit Göring im März 1941 tätigten, Werke in die Schweiz (Nr. 54 bis 57). Eine fünfte Transaktion gelang Alex von Frey, Luzern, der einen Makart und einen Blechen gegen die Bilder Nr. 58 bis 60 tauschte. Auch Max Stoecklin, der über den Münchner Händler Brüschwiler Hitler unter anderem ein Werk Rudolf von Alts geliefert hatte, erhielt Werke aus ERR-Beständen (Nr. 61 bis 63), die nach Zürich zum Bildhauer André Martin und von diesem in die Galerie Neupert gelangten. Ebenfalls ans Führermuseum ging ein Werk von Knaus der Zürcher Galerie Neupert gegen einen Renoir (Nr. 64).

Alois Miedl war eine der zentralen Figuren im Händlerkreis um Hitler und Göring. Mit Görings Hilfe hatte er die renommierte jüdische Kunsthandlung Goudstikker in Amsterdam «übernehmen» können. Zugunsten von Görings «Kunstfonds» verkaufte Hofer Miedl 1942 kapitale Werke der Sammlung Rosenberg. – Miedl deponierte sie bei seinem Zürcher Anwalt, Arthur Wiederkehr. 1943 wurden sie Emil Bührle «durch einen Holländer» angeboten. Von Wendland begleitet, liess er sie sich in einer Zürcher Bank zeigen (Nr. 65 bis 70). Bührle war jedoch zu diesem Zeitpunkt bereits durch Fritz Nathan sensibilisiert und kaufte nicht. Der Matisse Nr. 71 war von Bührle früher in der Galerie Aktuaryus gekauft worden und stammte aus einem Tausch der Galerie Rochlitz mit dem ERR, während Nr. 72, ebenfalls ein Rosenberg-Matisse aus dem Angebot von Rochlitz, über die Galerie de L'Elysée zu einem Lausanner Sammler gelangte. Das Kunstmuseum Basel gab einen Dalí (Nr. 73), den es in der Zürcher Galerie Gasser erworben hatte, zurück. Albert Skira hatte das Bild aus Paris in die Schweiz gebracht. Die genauen Inventare des ERR wie auch die Bereitschaft vieler seiner Angehörigen, sich durch Zusammenarbeit mit den Alliierten zu entlasten, lassen auf eine geringe Dunkelziffer von noch unentdeckten Bildern aus ERR-Quellen in Schweizer Sammlungen schliessen, um so mehr, als sich schon ab 1942 Zweifel über die Seriosität der Provenienzen von Fischers Impressionisten ergaben. Bührle gab diesbezüglich zu Protokoll, dass Nathan, von dem er sich beraten liess, über seine ersten bei Fischer gekauften Impressionisten noch keine Bedenken geäussert habe. Nathan habe feststellen können, dass die Bilder aus der Galerie Rosenberg stammten, er habe jedoch vorerst auf normalen Besitzerwechsel geschlossen und sei erst Ende 1942 stutzig geworden, als auch Zeichnungen aus der Privatsammlung Rosenberg aufgetaucht seien. – Die Tauschgeschäfte und Verkäufe aus ERR-Beständen erfolgten zugunsten der Kunstsammlungen von Göring und Hitler. Der ERR-Mitarbeiter Bruno Lohse schilderte im erwähnten Regressionsprozess als Zeuge, wie Hofer im Musée Jeu de Paume, wo die beschlagnahmte Kunst inventarisiert wurde, «Bilder fürs Schweizer Geschäft» aussuchte. Dieses «Schweizer Geschäft» war für die Agenten der grössten Kunstsammler des Dritten Reichs, für Hitler und Göring, ein wichtiger Faktor, um im neutralen Ausland Käufe zu tätigen, um so mehr, als Fischer und andere Händler ab 1941 auch Raubkunst an Zahlung nahmen. Es wurden insgesamt nicht sehr viele solche Geschäfte abgewickelt, da die Deutschen über die Raubkunstbestände erst nach dem Krieg definitiv entscheiden wollten.

Als Fischer 1943 von den Alliierten auf die «schwarze Liste» gesetzt wurde, blieb er auf den Beständen sitzen. Es ist ein Phänomen, das sich in der letzten Phase des Krieges überall bei den Deutschen und ihren Geschäftspartnern zeigte, dass nun nämlich alle den Alliierten gerne Auskunft gaben, um damit ihre Unschuld zu beteuern. Ohne diese Informanten, zu denen Wendland ebenso gehörte wie der Anwalt Wiederkehr, hätte Cooper seinen Bericht kaum so präzise verfassen können. Zur Aufdeckung der diskutierten Fälle führten Spuren und Hinweise. – Es gab und gibt neben der gehandelten Kunst aber auch «nachrichtenlose Kunst», die Juden auf der Flucht direkt oder via Helfer bei Schweizer Rechtsanwälten und Banken deponiert hatten. Dem Autor ist der Fall eines Zürcher Rechtsanwaltes bekannt, der nach dem Krieg nicht mehr abgeholte Klee-Zeichnungen in seine Sammlung integrierte. Der Eigentümer hatte keine Quittung verlangt, weil er fürchtete, diese könnte in falsche Hände gelangen. Wiedergutmachung ist in solchen unbeweisbaren Fällen nicht möglich. – Die Literatur zu diesem Thema stammt aus dem Ausland. Eine umfassende Untersuchung aller zur Verfügung stehenden Quellen aus Schweizer Optik fehlt bis heute.

Liste der zurückerstatteten Kunstwerke:

1.	Corot	Moine assis	Lévy-Benzion, Paris
2.	Corot	Paysage avec deux maisons	Levy-Benzion, Paris
3.	Corot	Environs de Beauvais	Lévy-Benzion, Paris
4.	Corot	San Giorgio Maggiore	Lévy-Benzion, Paris
5.	Cottet	Pont aux Royaux	Lévy-Benzion, Paris
6.	Courbet	Paysage avec falaises	Lévy-Benzion, Paris
7.	Daubigny	Maisons sur la rivière	Lévy-Benzion, Paris
8.	Daumier	Scènes de bacchantes	Alphonse Kann, Paris
9.	Degas	Baigneuse assise	Alphonse Kann, Paris
10.	Degas	Danseuses	Alphonse Kann, Paris
11.	Degas	Femme sortant du bain	Alphonse Kann, Paris
12.	Degas	Répétition de ballet	Alphonse Kann, Paris
13.	Degas	Baigneuse debout	Lévy-Benzion, Paris
14.	van Gogh	Fleurs dans un vase	Lindon, Paris
15.	van Gogh	Portrait d'homme	Lévy-Benzion, Paris
16.	Lucas	Femme en fuite	Alphonse Kann, Paris
17.	Manet	Toilette	Alphonse Kann, Paris
18.	Monnier	Ville au bord d'une rivière	Alphonse Kann, Paris
19.	Renoir	Sous-bois à Fontainebleau	Alphonse Kann, Paris

Liste der zurückerstatteten Kunstwerke:

20.	Rousseau	Paysage avec pont	Alphonse Kann, Paris
21.	Rodin	Nu	Alphonse Kann, Paris
22.	Sisley	Au bord de la Seine	Lévy-Benzion, Paris
23.	Sisley	Le Loing près de Moret	Lévy-Benzion, Paris
24.	Sisley	Les bords de la Seine	Lévy-Benzion, Paris
25.	Anonyme	L'entrée du Parc	Alphonse Kann, Paris
26.	Corot	Le port de Toulon	Paul Rosenberg
27.	Corot	Loggia à Gênes	Paul Rosenberg
28.	Corot	Paysage de rochers	Paul Rosenberg
29.	Corot	Jeune fille assise (Zeichnung)	Paul Rosenberg
30.	Courbet	Femme endormie	Paul Rosenberg
31.	Daumier	La parade (Zeichnung)	Paul Rosenberg
32.	Degas	Jockeys	Paul Rosenberg
33.	Degas	Danseuses (Zeichnung)	Paul Rosenberg
34.	Degas	Danseuses (Zeichnung)	Paul Rosenberg
35.	Degas	Deux nus (Zeichnung)	Paul Rosenberg
36.	Ingres	M. et Mme Ramel (Zeichnung)	
37.	Ingres	Portrait (Zeichnung)	Paul Rosenberg
38.	Manet	Bouquet de fleurs	Paul Rosenberg
39.	van Gogh	Paysage	Myriam de Rothschild, Paris
40.	Renoir	Anémones	Paul Rosenberg
41.	Renoir	Portrait de son frère (Zeichnung)	Paul Rosenberg
42.	Renoir	Etudes de cinq têtes (Zeichnung)	Paul Rosenberg
43.	Renoir	Danse à la campagne (Zeichnung)	Paul Rosenberg
44.	Seurat	Marine	Paul Rosenberg
45.	Seurat	La nurse (Zeichnung)	Paul Rosenberg
46.	Seurat	Blouse blanche (Zeichnung)	Paul Rosenberg

Liste der zurückerstatteten Kunstwerke:

47.	Sisley	Vignoble en automne	Paul Rosenberg
48.	Sisley	Le Loing près de Moret	Paul Rosenberg
49.	Monet	Nature morte au melon d'Espagne	Paul Rosenberg
50.	Pissarro	Port de Rouen après une averse	Paul Rosenberg
51.	Corot	Femme au corsage rouge	Paul Rosenberg
52.	Monet	Marine	Paul Rosenberg
53.	Sisley	Jardin potager et verger	Paul Rosenberg
54.	Braque	Nature morte avec pêches et raisin	Alphonse Kann, Paris
55.	Corot	Mme Stumpf et sa fille	Paul Rosenberg
56.	Degas	Mme Camus au piano	Alphonse Kann, Paris
57.	Picasso	Femmes aux courses	Lindon, Paris
59.	Picasso	Nature morte «Pommes», 1918	Paul Rosenberg
60.	Pissarro	Route de campagne, 1872	Bernheim, Paris
61.	Matisse	La fenêtre ouverte	Paul Rosenberg
62.	Matisse	Femme au fauteuil jaune	Paul Rosenberg
63.	Bonnard	Table pour servir le café	Alphonse Kann, Paris
64.	Renoir	Petite Pêcheuse	Paul Rosenberg
65.	van Gogh	Portrait de l'artiste avec l'oreille coupée	Paul Rosenberg
66.	Cézanne	Paysage au bord de l'eau	Myriam de Rothschild, Paris
67.	Cézanne	Arlequin, Aquarell	Paul Rosenberg
68.	Cézanne	Nature morte avec des bouteilles, Aquarell	Paul Rosenberg
69.	Cézanne	Jeune homme au gilet rouge, Aquarell	Paul Rosenberg
70.	Steen	Noces de Cana	Goudstikker, Amsterdam
71.	Matisse	Danseur maure	Paul Rosenberg

Liste der zurückerstatteten Kunstwerke:

72.	Matisse	Femme à l'ombrelle au balcon	Paul Rosenberg
73.	Dalí	Perspectives	Peter Watson, Paris
74.	Corot	San Giorgio Maggiore	Bernheim, Paris
75.	Corot	Femme grecque	Bernheim, Paris
76.	Corot	Italienne assise	Paul Rosenberg
77.	Utrillo	Titel nicht bekannt	Paul Rosenberg

Matthias Frehner

Raubkunst – unvergangene Vergangenheit: Versuch einer vorläufigen Bilanz

In unserer Reihe äusserten sich in 14 Beiträgen Spezialisten zum Thema Raubkunst im 20. Jahrhundert. Es wurden die Ausmasse des staatlichen deutschen und sowjetischen Kunstraubs aufgezeigt, völkerrechtliche Aspekte und die gegenwärtigen russischen Restitutionsverhandlungen analysiert. Insbesondere wurde auch die Rolle, die Schweizer Kunsthändler und Sammler als Abnehmer deutscher Raubkunst spielten, beleuchtet, und es tauchte immer wieder die Frage auf, welche Schutzmassnahmen Kunstraub verhindern könnten. Der letzte Artikel dieser Reihe unternimmt den Versuch einer Bilanz.

Die im Herbst 1996 erhobene Behauptung, in der Schweiz werde heute noch nationalsozialistische Raubkunst in enormem Umfang – der «Daily Telegraph» nannte die Summe von 3 bis 15 Milliarden Pfund – zurückbehalten, konnte nicht mit Fakten untermauert werden. Die vertiefte Betrachtung des Problemkreises zeigte jedoch auch, dass viele Schweizer Kunsthändler und Sammler, deren Namen heute einsehbar sind, bei weitem nicht die Unschuldslämmer waren, als die sie sich im nachhinein selber sahen: Es gab direkt Involvierte, eigentliche Täter, die mit den deutschen Raubkunstorganisationen Geschäfte abwickelten, und ihre Kunden, die indirekt profitierten. Das Schweizerische Bundesgericht verfügte – auf Druck der Alliierten – in einer Reihe von Prozessen, die diese Vorkommnisse untersuchten, 1948 die Rückgabe von insgesamt 77 Gemälden an ihre Eigentümer.

Unbegreiflicherweise wurden aber gerade die beiden Hauptprofiteure von Raubkunst in der Schweiz, Theodor Fischer und Emil G. Bührle, mit Samthandschuhen angefasst. Beide sahen sich nach Revisionsprozessen für ihre Rückgaben entschädigt. (Bührle, der Kunde von Fischer gewesen war, konnte seine Bilder behalten, da er sie dem rechtmässigen Besitzer ein zweites Mal abkaufte.) Man wollte offensichtlich keine Präzedenzfälle schaffen für die weitere Untersuchung deutsch-schweizerischer Handelsbeziehungen während der Kriegszeit. Mit dieser – wohl nicht nur aus heutiger Sicht – unkritischen Haltung stahl sich die Schweiz auch auf anderen Gebieten aus ihrer Verantwortung. Die Frage nach weiter im Lande verbliebener Raubkunst stellte sich erst heute wieder.

Falls die Behauptung, die Schweiz sei sozusagen der Lagerort deutscher Raubkunst gewesen, gestimmt hätte, so wären nun aber auch Rückgabeforderungen zu erwarten gewesen, und es hätten überhaupt neue Beispiele genannt werden müssen. Dies ist nicht der Fall. Wenn man berücksichtigt, dass das gegenwärtige internationale Interesse an der Aufarbeitung ungelöster Fragenkomplexe aus der Zeit des Zweiten Weltkriegs zu einem eigentlichen Run auf die zum Teil erst seit kurzem zugänglichen Archive in Deutschland, Russland, den USA und anderen Ländern geführt hat, gibt das zu denken. Nicht nur Historiker recherchieren dort, sondern auch Schatzsucher, die das gestohlene Gut für die ursprünglichen Eigentümer wiederfinden wollen.

Wenn nun also in dieser in der Öffentlichkeit kaum je intensiver geführten Diskussion keine neuen Fakten im Kontext der Schweizer Profiteure deutscher Raubkunst genannt werden und auch unsere Reihe keinen überprüfbaren Hinweis auf noch unbekannte Fälle provozieren konnte, dann spricht dieses Resultat für sich. Auch Vertreter jüdischer Organisationen in der Schweiz, die der Schreibende kontaktierte, waren nicht in der Lage, konkrete Hinweise auf sich noch in unserem Land befindende Raubkunst aus dem Zweiten Weltkrieg zu geben, auch nicht auf «nachrichtenlose». Entsprechend verliefen Anfragen bei der Kunsthändlerin Marianne Feilchenfeldt, die 1939 zusammen mit ihrem Gatten von Amsterdam in die Schweiz gekommen war, und bei Peter Nathan, dessen Vater Fritz Nathan seinen Kunsthandel 1936 von München nach St. Gallen verlegt hatte. Dass sich dennoch Werke aus dem Kunstraub der Nationalsozialisten – analog zu den «nachrichtenlosen» Vermögen auf Schweizer Banken – unerkannt in unserem Land befinden, ist möglich. Aber es wären Einzelfälle. Die Nationalsozialisten gaben relativ wenig Raubkunst in den Handel – vor allem um Werke für Hitler und Göring erwerben zu können. Den weitaus grössten Teil lagerten sie in Depots zur späteren Verwertung «nach dem Sieg».

Noch immer gelten Zehntausende hochbedeutender Kunstwerke seit dem Krieg als verloren – aber sie lagern nicht in der Schweiz. Zum Teil handelt es sich um Kunst, die die Nazi-Organisationen scheinlegal konfiszierten, zum Teil um Werke aus öffentlichen und privaten Sammlungen, die bei den Wirren der letzten Kriegstage in Deutschland verschwunden sind. Die sowjetische Trophäenkommission verbrachte, was immer ihr in die Hände fiel, nach Moskau, auch das Raubgut der Deutschen. Punktuell kam es zur Rückgabe von Museumsbesitz an die DDR, und seit 1995 wurden in Ausstellungen mit Sensationscharakter selektiv aus den enormen Beständen Werke präsentiert: «Der Schatz aus Troja» in Moskau, «Hidden Treasures Revealed» in St. Petersburg. Doch was genau bis heute effektiv alles in Russland lagert, ist nach wie vor ein bestgehütetes Geheimnis. Es ist ein Zynismus sondergleichen, dass sich deshalb Opfer des Nationalsozialismus und ihre Erben nach wie vor aus politischem Kalkül um ihr Eigentum geprellt sehen. Der Direktor der Eremitage in St. Petersburg, Mikhail Piotrowsky, wie auch seine Kollegin aus dem Puschkin-Museum Moskau, Irina Antonowa, spielen das Problem Beutekunst noch immer herunter. Piotrowsky erklärte kürzlich in einem Vortrag in Zürich, man hätte den deutschen Museumsbesitz doch schon längst an die DDR zurückgegeben, den Privatbesitz in Ausstellungen in Russland gezeigt und über die Eigentumsfrage würden die Politiker befinden ... Für ihn sei die Hauptsache, dass die Kunst ausgestellt werden könne, wo, spiele eigentlich keine so grosse Rolle. Und Antonowa, die als Kustodin schon 1945 bei der Ankunft der Beutekunst in Moskau dabei war, ist bis heute die Hardlinerin, die sie immer schon war. Was in ihrem Museum und in anderen Depots effektiv alles liegt, ist keinesfalls identisch mit ihren offiziellen Inventaren.

Im Unterschied zu den Russen gaben die westlichen Alliierten, wo immer die Besitzer ausfindig gemacht werden konnten, die von ihnen am Ende des Krieges an Lagerorten aufgefundene Kunst sogleich zurück. Erst durch die gegenwärtige Beschäftigung mit dem Thema ist bekanntgeworden, dass auch im Westen noch grosse Bestände deutscher Raubkunst lagern. Bis heute liegen beispielsweise in französischen Museumsdepots Tausende «nachrichtenloser» Gemälde. 1997 zeigten fünf französische Museen in Paris, Sèvres und Versailles, darunter der Louvre, das Centre Pompidou und das Musée d'Orsay, insgesamt 900 Werke, deren Besitzer gesucht werden. Man versteht nicht, warum dazu 50 Jahre verstreichen mussten.

Unsere Reihe offenbarte als weiteres Problem vor allem deutscher Museen, dass die Umstände, unter welchen sie während der Zeit des Dritten Reichs Sammlungsbestände erworben hatten, kritisch durchleuchtet werden sollten. Viele jüdische Sammler in Deutschland sahen sich zwischen 1933 und 1938 gezwungen, ihre Werke auf sogenannten «Judenauktionen» unter meist sehr unvorteilhaften Bedingungen zu veräussern, wobei sich verschiedene Beispiele dafür aufführen lassen, dass die Eigentümer die Erlöse gar nie ausbezahlt erhielten. Von den ehemaligen Eigentümern oder ihren Erben anfechtbar sind solche «Verkäufe» nur noch in Museen auf dem Gebiet der ehemaligen DDR. Begehren für die Rückgabe jüdischer Vermögenswerte sind im Westen bereits in den fünfziger Jahren abgelaufen, während die Unterlagen der Reichskulturkammer, welche die «Judenauktionen» dokumentieren, erst seit kurzem zugänglich sind. Dass Museen, die damals von Zwangsverkäufen profitierten, die betreffenden Erwerbsumstände in wissenschaftlichen Bestandeskatalogen heutzutage wenigstens transparent darstellen, sollte als moralische Pflicht verstanden werden.

Auch die Schweizer Museen beginnen sich dieser Problematik bewusst zu werden. Unter dem Druck, dem sich die Moderne in den dreissiger Jahren immer mehr ausgesetzt sah, verlagerte sich die Ankaufspolitik der Museen mehr und mehr in den Bereich gegenständlich-klassischer Kunst. Museen, die zuvor Avantgarde gesammelt hatten, wie beispielsweise das Kunstmuseum Winterthur, erwarben nun vorwiegend Kunst des 19. Jahrhunderts, vor allem deutsche, Blechen, Trübner, Marées, Liebermann, einen frühen Corinth.

Die Werke wurden meist nicht in Deutschland gekauft, aber wie Peter Nathan kürzlich bestätigte, erwarben die Schweizer Händler häufig «Emigrantenbilder», und sie kommunizierten auch während der Kriegsjahre via Theodor Fischer mit dem deutschen Markt. Dass das Bundesamt für Kultur die gegenwärtige Diskussion um Raubkunst zum Anlass nimmt, eine Analyse in Auftrag zu geben, die unter anderem die sich in Bundesbesitz befindenden Kunsterwerbungen der fraglichen Zeit einer Provenienzkontrolle unterzieht, wirkt hoffentlich beispielgebend.

Da die Schweizer Gesetze dem Kunsthandel keine Import- und Exportbeschränkungen auferlegen, muss angenommen werden, dass hier in den Nachkriegsjahren mitunter auch Kunst aus sehr fraglichen Quellen den Besitzer gewechselt hat. Gerade in jener Zeit aber gab man sich, nicht nur in der Schweiz, mit vagen Herkunftsbezeichnungen zufrieden. Unsere Reihe hat immer wieder deutlich gemacht, wie wichtig Provenienzangaben sind, damit Käufer nicht unwissentlich in Kunstraub involviert werden.

Für Werke, die aus dem nationalsozialistischen Kunstraub stammen könnten, herrscht heute eine gewisse Sensibilität, so dass höchstens solche minderer Qualität unerkannt bleiben. Oft schwer zu erkennen sind jedoch Antiken aus Raubgrabungen sowie Werke, die in Krisen- und Kriegsgebieten der Dritten Welt aus Museen geplündert worden sind, vor allem dann, wenn sie für den Handel zuvor in Bruchstücke und Fragmente zerschlagen worden waren. Die Diskussion über besser greifende Gesetze, welche Zolldeklarationen, Provenienzangaben und Ausfuhrgenehmigungen international effizienter kontrollierbar machen, ist heute dringend notwendig, denn Raubgräber gehen mit Bulldozern auf Schatzsuche, und Museen in Krisengebieten, gegenwärtig in Albanien, sind Selbstbedienungsläden internationaler Verbrecherorganisationen.

Die Autoren

Prof. Dr. Wilfried Fiedler, Ordinarius für Staatsrecht, Verwaltungsrecht und Völkerrecht an der Universität des Saarlandes in Saarbrücken.

Dr. Matthias Frehner, Kunsthistoriker, Kunstredaktor der NZZ.

Eric Gujer, Historiker, Auslandkorrespondent der NZZ.

Dr. Anja Heuss, Historikerin, Mitarbeiterin der Jewish Claims Conference in Frankfurt.

Dr. Lorenz Homberger, Jurist, Konservator am Museum Rietberg in Zürich.

Dr. Cornelia Isler-Kerényi, Archäologin, Wissenschaftskolleg zu Berlin.

Prof. Dr. Heinz-Dieter Kittsteiner, Ordinarius für vergleichende europäische Geschichte an der Europa-Universität in Frankfurt an der Oder.

Christina Kott, Kunsthistorikerin, Paris.

Prof. Dr. Georg Kreis, Ordinarius für Neuere allgemeine Geschichte und Schweizer Geschichte an der Universität Basel, Leiter des Europa Instituts an der Universität Basel.

Prof. Dr. Franz Georg Maier, Honorarprofessor für Alte Geschichte an der Universität Zürich.

Prof. Dr. Rainer Wahl, Institut für Öffentliches Recht, Albert-Ludwigs-Universität, Freiburg im Breisgau.